한국인을 위한
영자 신문 읽기

한국인을 위한 영자 신문 읽기

발행일	2019년 7월 19일			
지은이	박중현			
펴낸이	손형국			
펴낸곳	(주)북랩			
편집인	선일영	편집	오경진, 강대건, 최예은, 최승헌, 김경무	
디자인	이현수, 김민하, 한수희, 김윤주, 허지혜	제작	박기성, 황동현, 구성우, 장홍석	
마케팅	김회란, 박진관, 조하라, 장은별			
출판등록	2004. 12. 1(제2012-000051호)			
주소	서울시 금천구 가산디지털 1로 168, 우림라이온스밸리 B동 B113, 114호			
홈페이지	www.book.co.kr			
전화번호	(02)2026-5777	팩스	(02)2026-5747	
ISBN	979-11-6299-789-5 03740 (종이책)		979-11-6299-790-1 05740 (전자책)	

이 도서의 국립중앙도서관 출판예정도서목록(CIP)은 서지정보유통지원시스템 홈페이지(http://seoji.nl.go.kr)와
국가자료공동목록시스템(http://www.nl.go.kr/kolisnet)에서 이용하실 수 있습니다.
(CIP제어번호: CIP2019027229)

(주)북랩 성공출판의 파트너

북랩 홈페이지와 패밀리 사이트에서 다양한 출판 솔루션을 만나 보세요!

홈페이지 book.co.kr • **블로그** blog.naver.com/essaybook • **원고모집** book@book.co.kr

| 박중현 지음 |

한국인을 위한 영자 신문 읽기

30개의 기사를 30일 만에 돌파하는 리딩 기본 훈련서

북랩 book Lab

머리말

영어 공부를 하기 위해 CNN, BBC 등 해외 뉴스를 듣거나 영자 신문을 읽는 사람이 많다. 하지만 방송을 무작정 틀어놓고 집중해서 듣지 않거나 두서없이 신문을 읽는 것은 별로 큰 도움이 되지 않는다. 외국어 공부를 할 때는 주제가 무엇인지에 따라 독해나 청해력의 정도에 큰 차이가 나므로 뉴스나 신문으로 공부하는 데도 잘 짜인 전략은 물론이고 효율성을 극대화시킬 수 있는 주제 선정이 필수이다.

저자가 영어에 흥미를 느끼고 공부를 제대로 시작한 때는 대학교 3학년 후반 무렵이다. 당시의 경험에 비추어 본다면 CNN 방송을 시청할 때, 가령 중동의 시아파와 수니파 갈등에 관한 보도이거나 아프리카 등지에서 일어나는 내전에 관한 보도는 도저히 무슨 말인지 하나도 귀에 들어오지 않는 반면에 한국과 일본의 독도 영유권 분쟁 관련 내용이나 북한 관련 보도가 나오면 대략 70~80% 이상의 내용 정도는 비교적 쉽게 들리는 것을 계속해서 경험하였고 영어 공부를 하는 주변의 지인들이 대부분 비슷한 경험을 했다는 것을 알게 되었다. 이는 주제에 대한 친숙도나 기본 배경지식(Background Knowledge)이 영어 또는 기타 외국어 공부를 쉽게 하는 데 미치는 영향이 아주 크다는 것을 의미한다. 그뿐만 아니라 한국인에게 있어서 영어의 경우는 어순이나 문장 구조가 한글과 완전히 다르므로 이런 현상이 더욱 두드러진다고 볼 수 있다.

시간이 지나고 나서 돌이켜보니 한국을 떠나 외국에서 회사 생활을 한 지도 8년 정도가 지났다. 한자어나 자주 쓰지 않는 한국어 단어는 까먹어서 생각이 안 나거나 입 밖으로 튀어나오지 않는 상황을 가끔 경험하며 "아, 이제는 한국어 공부를 다시 해야 하나?" 하고 너스레를 떨다 문득 영어 스트레스에 시달리는 고국에 있는 수많은 학생과 직장인들이 떠올랐다. 보통의 한국인들에게 영어란 평생 끝나지 않는 숙제와 같은 존재임을 잘 알기에 내가 뭔가 도움을 줄 수 있을까 고민하다가 한국인들에게 최적화된 영어 교재를 만들어 보자는 생각이 들었다.

호주 국영 방송국인 ABC(Australian Broadcasting Corporate)의 웹사이트에 들어가서 검색 창에 'South Korea'를 쳐 보았다. 지난 몇 년간 업로드된 한국 관련 기사와 논설 등 수천 건이 결과로 나왔다. 그중에서 영어 교육에 도움이 될 만하면서도 흥미로운 기사들이나 논평들을 정치, 외교, 경제, 사회, 엔터테인먼트 등 주제별로 선정하여 이것을 한국인들을 위한 영어 리딩 교재로 활용해 보자는 대략의 콘셉트가 정해졌다. 이후 이를 바탕으로 하여 기획안을 만들어 ABC 방송국 측에 보냈고 긍정적인 답변이 왔다. 그 후 몇 차례 미팅을 가진 뒤 최종 선정된 37개의 기사를 출판물에 이용할 수 있는 저작권 라이센스를 획득했다. 한국에 관한 기사와 논평들이라 한국인들에게 쉽고 재미있게 읽힐 것이고 영어 공부가 훨씬 수월하게 될 것이라는 확신이 있었다. 게다가 호주 최고의 엘리트들이 모인 ABC의 기자들이 쓴 기사들이니 글의 수준에 대한 검증은 말할 필요도 없을 것이다.

어떤 사회적 현상이나 한국이 연관된 국제적인 이슈가 생기면 이에 대해 '일본 네티즌'의 반응, '중국 네티즌'의 반응, '미국 네티즌'의 반응 등, 이러한 종류의 콘텐츠가 끊임없이 온라인상에서 생산되는 것에 비추어 보면 한국인들은 외부에서 대한민국을 어떻게 바라보는지, 혹은 자신들의 위치가 어느 정도인지 끊임없이 확인하고 싶어 하는 이고이즘(Egoism)적 성향이 대체로 다른 나라 사람들보다 훨씬 강하다는 특징이 있다는 것을 쉽게 알 수 있다. 아마도 외국의 공신력 있는 뉴스 채널이 대한민국이라는 나라를 어떻게 바라보고 글을 쓰며 또 얼마나 중요도 있게 보도하는가에 관한 이 책의 내용이 한국인의 호기심을 채워 줄 것이다. 또한, 본문에 나오는 기사들은 비록 한국에 관한 기사들이라 해도 호주인 기자들이 쓴 글들이라 호주의 국익을 대변하는 그들의 주관적인 입장이 곳곳에서 엿보이므로 한국인 독자들의 입장에서는 본인들의 나라를 조금 더 특별하게 다른 각도에서 바라볼 수 있는 절호의 기회가 될 것이다.

신문은 우리가 접하고 있는 사회의 단면을 보여 주며 거의 모든 분야의 정보를 담고 있는 지식의 보고이다. 그중에서도 영자 신문은 정세를 배우고 영어 독해 실력도 향상시킬 수 있는 아주 좋은 교재이다. 많은 한국인이 영자 신문에 대해 막연한 두려움을 가지고 있는데, 이는 기사를 영어로 읽어야 한다는 심리적 압박감 때문이다. 그러나 영자 신문을 보다 쉽게 마스터할 수 있는 방법은 분명히 존재하며 이 책에서는 이를 소개하고자 하니 한국의 고등학생, 대학생, 직장인, 그 외 영자 신문을 한글 읽듯이 술술 읽고 싶어 하는 갈망을 가진 모든 대한민국 국민에게 많은 도움이 되길 바란다.

마지막으로 기사 저작권(Copyright) 문제로 협의하는 과정에서 밤늦게까지 자신의 오피스에 남아서 기사 선정과 라이센스(License) 문제를 도와주었던 호주 ABC 방송국의 Janine(Manager, ABC Library team)에게 특별한 감사를 전한다.

2019년 6월 17일
호주 시드니에서
Elliott J. Park(박중현)

Contents

| 머리말 | 5

| 들어가기 전에 | 책의 구성과 영자 신문 읽기에 대한 기본 이해 12

SAMPLE ARTICLE

Which is the most innovative country in the world? Well, it's not Australia
세계에서 가장 혁신적인 나라로 선정된 대한민국 14

CHAPTER 1.

경제 및 상업 *Economy & Commercial* 17

DAY 1 Hanjin shipping collapse in South Korea leaves freight stranded, portends weakening global economy
한국 기업인 한진해운이 무너짐에 따라 화물들이 가압류되고 세계 경제가 약화될 조짐이 보인다 18

DAY 2 Samsung TVs mysteriously switching off in South Australia
남호주 지역에서 알 수 없는 이유로 계속 꺼지는 삼성 TV 26

DAY 3 NSW inter-city train fleet contract short-sighted, report says
현대 로템 수주: NSW주의 도시 간 순환 열차 차량 계약은 근시안적인 결정이다 32

DAY 4 Hyundai promises to obey consumer law amid ACCC crackdown on car industry
호주 소비자 경쟁 위원회가 자동차 업계에 대한 일제 단속을 함에 따라 현대차는 자발적으로 소비자 법을 준수하기로 약속했다 37

DAY 5 Government spends $13,000 on YouTube videos promoting businesses in South Korea
호주 외교부가 한국의 일부 상점들을 홍보하기 위한 유튜브 방송에 13,000달러를 쓰다 44

CHAPTER 2.
정치 및 외교 *Politics & Diplomatic relations*   *51*

DAY 6   South Korea launches happy education policy to shorten study hours

공부 시간을 단축하기 위한 일환으로 행복 교육 정책을 펼치고 있는 대한민국 정부   *52*

DAY 7   Donald Trump to send incoming ambassador to Australia Harry Harris to South Korea instead

Donald Trump 대통령이 주 호주 미국 대사로 내정되어 있던 Harry Harris를 한국으로 보내다   *58*

DAY 8   South Korea struggling to pass Australia free trade bills before G20

G20 정상회담 이전에 호주와의 자유 무역 협정(FTA) 법안 통과를 하려는

한국이 난항을 겪고 있다   *66*

DAY 9   Ban Ki-moon discusses North Korea, Donald Trump and the United Nations failings

반기문 전 유엔 사무총장, 북한과 Donald Trump 대통령 그리고 유엔의 실패에 대해서 말하다   *71*

DAY 10   Why China is thrilled about South Korean leader Park Geun-hye's downfall

박근혜 대통령의 몰락에 환호하는 중국의 속내   *78*

DAY 11   Australia has been at war with North Korea for nearly 70 years. Here's why

호주는 지난 70년간 북한과 전쟁 상태이며 그 이유를 공개한다   *84*

DAY 12   South Korea to replace all school history books with single state-approved textbook

한국 정부가 모든 종류의 역사 교과서를 단일 국정 교과서로 대체할 계획이다   *92*

CHAPTER 3.
엔터테인먼트 *Entertainments*   *99*

DAY 13   K-pop band BTS goes viral with UN plea to young people to help shape the future

K–pop 밴드 방탄소년단이 유엔에서 연설한 것이 화제가 되고 있다   *100*

DAY 14   Eurovision: Dami Im returns to low-key life in Logan

유로비전 스타: 평범한 삶으로 돌아간 임다미 씨   *105*

DAY 15 Australian Sam Hammington 'kicking goals' as unlikely reality TV star in South Korea

한국에서 리얼리티 TV 스타가 되기 위해 꿈을 좇는 호주인 샘 해밍턴 *112*

DAY 16 Music, fashion, drama: Indonesians 'falling in love' with South Korea

음악, 패션, 드라마: 인도네시아는 한국과 사랑에 빠졌다 *119*

DAY 17 The South Korean singer who achieved global success because of her mother's love of Australian opera

조수미: 한국인 오페라 가수의 세계적인 성공은 그녀의 어머니가 호주 오페라를 사랑했기에 가능했다 *125*

DAY 18 K-pop agency behind Taiwanese star Chou Tzu-yu's flag row under cyber attack

대만인 K-pop 스타 쯔위 양의 깃발 사건 여파로 해당 소속사가 사이버 공격의 대상이 되고 있다 *130*

CHAPTER 4.
문화*Culture* 137

DAY 19 Kimchi: The spicy Korean side dish that's dealing with sudden fame

김치: 갑작스러운 유명세를 타고 있는 한국의 매운 반찬 *138*

DAY 20 Taekwondo classes helping kids with disabilities break down boundaries

장애 아동들의 한계를 넘는 데 도움이 되는 태권도 수업 *147*

DAY 21 AlphaGo victory raises concerns over use of artificial intelligence on stock market

알파고의 승리 이후, 주식 시장에서의 인공지능 사용에 관한 우려의 목소리 *152*

DAY 22 South Korean general recognises war veterans in Hobart

한국의 장군이 호주군 6·25 참전용사들에게 훈장을 수여하다 *158*

DAY 23 South Korea's obsession with top marks is costing its youth

한국 사회의 학벌과 만점에 대한 집착이 청소년들의 삶을 앗아가고 있다 *163*

DAY 24 South Koreans to live longest among developed nations by 2030, researchers project

연구원들의 전망에 따르면 2030년쯤에는 한국이 선진국들 중에서 최장수국이 될 것이다 *172*

CHAPTER 5.
사회 이슈 *Social issues*

179

DAY 25 South Korean family facing deportation fights to stay in Queensland

추방 위기에 놓인 한국인 가족, 호주에 계속 거주하기 위한 권리를 위해 목소리를 높이다 *180*

DAY 26 Internet-addicted South Korean children sent to digital detox boot camp

인터넷 중독에 걸린 한국의 아이들, 디지털 디톡스 캠프에 보내지다 *186*

DAY 27 "I hated my ugly face.": Korean women destroy cosmetics in protest of unrealistic beauty ideals

"나는 내 못생긴 얼굴이 싫어요." 비현실적으로 아름다운 외모 기준에 반대하기 위해 화장품을 파괴하는 한국 여성들 *193*

DAY 28 Just like Australia, South Korea's seafood country of origin labelling laws end at the market

호주와 마찬가지로 한국에서도 수산물 원산지 표기법이 시장에서 힘을 쓰지 못하고 있다 *201*

DAY 29 Alex McEwan jailed for life for Eunji Ban's murder after blaming demons for killing Korean student

워홀러 반은지 양 살해 사건의 용의자인 Alex McEwan이 결국 무기징역 판결을 받았다 *206*

DAY 30 South Korean man faces court after dousing himself in petrol and waving lighter at Cairns airport

케언스 공항에서 자신의 몸에 휘발유를 들이붓고 난동을 부리던 한국 국적의 남성이 결국 법정에 섰다 *215*

| CONTRACT | *221*

| 참고 서적(가나다 순) | *223*

들어가기 전에

책의 구성과 영자 신문 읽기에
대한 기본 이해

1. 기사 선정에서 고려한 부분은 최대한 유행을 타지 않으면서 각각의 분야별로 한국이라는 나라의 특색을 담은 기사들을 선택했으며 또한 호주인 기자들이 한국을 바라보는 시각과 한국인들도 모르는 한국 관련 기사라는 두 가지 큰 틀 아래에서 한국과 호주 양국 간의 교류 내용이나 직접적인 이해관계를 고려하여 구성하였다.

2. 기본적으로 영한 번역은 최대한 가장 가까운 한국식 표현으로 의역하여 한국어로 이해하고 받아들이기 편리하게 하는 것이 기본이지만, 영어 공부의 측면에서 본다면 어색하더라도 직역을 하는 것이 한글 버전과 영어 버전의 단순 비교를 하기가 수월하다는 양면성이 존재한다. 이 두 가지 측면을 고려하여 각각의 상황별 기준을 적용하였다. 또한, 특유의 영어식 글 전개 방식이 한국어식 글쓰기 법과는 많이 달라 때에 따라서 번역을 해도 한국인들에게는 글의 전개가 다소 생소하게 다가오는 부분도 있을 것이다. 예를 들어, 앞에 나온 문단과 바로 뒤에 나오는 문단이 전혀 연관되거나 이어지지 않는 듯한 뭔가 생뚱맞은 느낌이 있다면 이는 한국어와 영어의 글 전개 방식의 차이로 받아들이면 될 것이다.

3. 주요 단어들은 'Words&Phrases'라는 섹션에서 따로 설명하도록 구성했으나 '형용사' 혹은 '동사' 등의 품사에 대한 추가 설명은 비실용적이므로 제외하였다. 영어 단어는 문맥상에서의 그 느낌과 뉘앙스를 기억하고 사용하는 것이지, 해당 단어가

동사인지, 명사인지 등 품사를 따로 구별하여 외우는 것은 'old school'한 방식일 뿐만 아니라 전혀 효과적인 학습 방법이 아니다.

4. 영문 기사들의 헤드라인들을 보면 일반적인 문장에 비해 문법에 맞지 않거나 미완성된 문장처럼 보이는 경우가 많은데, 이것은 한정된 단어로 기사 내용의 핵심을 나타낼 수 있어야 하기 때문이다. 물론 시사 상식을 잘 알고 있으면 헤드라인을 이해하는 데 도움이 되지만 그에 못지않게 중요한 것이 헤드라인의 독특한 표현 방식을 아는 것이다. 그 특유의 표현 방식에 익숙해지면 보다 쉽게 읽을 수 있을 것이다.

5. 우리가 흔히 접하는 소설의 경우 내용 전개가 '기-승-전-결'로 이뤄지는 게 보통이다. 흔히 말하는 피라미드형이다. 독자의 관심을 점차 고조시켜 결론 부분에서 모든 궁금증을 해소하여 마무리 짓는 방식이다. 이는 결국 소설을 끝까지 읽어야 한다는 당위성에 토대를 둔 서술 전개 기법이다. 그러나 대부분의 신문은 소설과 달리 역피라미드 형태를 선호한다. 이는 가장 짧은 시간 내에 독자들에게 기사의 핵심과 관련 사항을 알려주기 위한 이유도 있지만, 신문사 편집 과정에서 기사 내용이 넘치면 주로 기사 뒷부분을 삭제하는 경우가 많으므로 가급적 핵심 내용을 앞부분에 배치하기 때문이다. 그러므로 정독을 할 시간이 부족하다면 기사 앞부분을 유의해서 읽는 것이 좋다.

Which is the most innovative country in the world? Well, it's not Australia

세계에서 가장 혁신적인 나라로 선정된 대한민국

Reporter: Ian Burrows/30 Jan 2019

1. 기사 해설

블룸버그 통신의 연간 혁신 지수에서 대한민국이 6년 연속 1위로 선정되었으나 호주는 중국보다 뒤처진 19위에 머물렀다는 내용이며 호주 기자인 Ian Burrows의 입장에서는 다소 실망스러운 기색이 드러나는 기사이다.

2. 기사 본문

China is one of the big movers in Bloomberg's __annual__ innovation __index__, while Australia has slipped one place to 19th on the list.

Bloomberg __analyses__ each country __in a range of__ areas __including__ education, research and development, and manufacturing before __coming up with__ a list of 60 most innovative countries. South Korea __topped the chart__ for a sixth time with Germany a close second, while China jumped three places to 16th thanks largely to __patent__ activity. It's the first time China has finished ahead of Australia.

3. 한글 번역

블룸버그 통신이 매년 발표하는 혁신 지수에 따르면 중국이 가장 큰 순위 변동을 보이는 국가 중 하나이고, 반면에 호주는 전년 대비 한 단계 하락한 19위를 차지했다.

블룸버그 통신은 교육, 연구, 개발, 산업 분야를 포함한 다방면의 분야를 나라별로 분석했고 가장 혁신적인 60개의 국가를 선정했다. 대한민국이 6년 연속으로 정상을 차지했고 독일이 근소한 차이로 2위를 차지했다. 중국은 활발한 특허 등록 활동 등으로 인해 전년 대비 3계단 오른 16위를 차지했다. 해당 조사에서 호주가 중국에 밀린 것은 전례가 없는 일이다.

4. Words&Phrases

1 **innovative**: 독창적인, 획기적인, 혁신적인('진취적 기상이 넘치는'이라는 뜻도 있다)

2 **annual**: 1년의, 1년마다의, 해마다의(연 2회의: biannual 혹은 semi-annual)

3 **index**: 색인, 목록(복수형은 indexes)

4 **analysis**: 분석, 분해, 분석 결과

5 **in a range of**: 범위 내에서, 한도 내에서

6 **including**: ~를 포함한

7 **come up with**: ~를 생각하다, ~를 떠올리다, ~를 제안하다

8 **topped the chart**: 1위에 오르다, 정상을 차지하다

9 **patent**: 특허, 특허권, 전매, 인가, 면허(i.e. patent infringement: 특허권 침해)

5. 영어로 기사를 써 보자

1) Which is the most (   ) country in the world?
   세계에서 가장 **혁신적인** 나라는 어디일까?

2) Bloomberg (   ) each country in a range of areas including education, research and development.
   블룸버그 통신은 교육, 연구, 개발, 산업 분야를 포함한 다방면의 분야를 나라별로 **분석했다.**

3) South Korea (   ) for a sixth time with Germany a close second.
   대한민국이 6년 연속으로 **정상을 차지했고** 독일이 근소한 차이로 2위를 차지했다.

CHAPTER 1

경제 및 상업

Economy&Commercial

Hanjin shipping collapse in South Korea leaves freight stranded, portends weakening global economy

한국 기업인 한진해운이 무너짐에 따라 화물들이 가압류되고 세계 경제가 약화될 조짐이 보인다

Reporter: The World Today, Peter Ryan/5 Sep 2016

1. 기사 해설

대한민국 최대의 선박 회사였고 연간 매출이 8조 원에 달하던 한진해운은 2016년 8월 31일, 회생절차개시(법정관리) 신청을 하였고 2017년에 결국 파산 선고를 받았다. 세계 7위 규모에 달하던 초대형 선박 회사가 무너짐에 따라 물류 대란이나 물류비 상승 등 그 후폭풍이 아주 컸고 상당 부분의 시장 점유율은 외국 선사로 넘어갔었다. 당시에 한진해운 퇴출을 처리한 금융위원장에 대해서는 해운업은 국가 기간산업인데 너무 금융적인 시각의 계산기만 두드린 것이 아니냐는 학계의 비난도 많았다.

2. 기사 본문

The collapse of a South Korean freight shipping line is starting to cause chaos and confusion at major ports around the Asia-Pacific region.

Hanjin — which is the seventh-biggest shipping company in the world — went into **receivership** late last week after its **creditors** rejected a **restructuring plan**. While Australia is yet to feel the effects, Hanjin's fleet have been denied access to ports as **stevedores** demand payment of **arrears** and cash in advance. Since Friday, the company has literally been all at sea, with 45 **vessels** denied access to ports in China, Japan, Singapore and India. With creditors — including the **state-run** Korea Development Bank — **in hot pursuit**, Hanjin has filed for **bankruptcy protection**.

Analyst and author Mark Levinson said the Hanjin crisis **underscores** the soft outlook for global trade and **over capacity** in the container shipping market. "On the one hand, many of the ship lines have built enormous, enormous ships — these ships can carry as many as 10,000 40-foot containers at one time — and so there's a lot of capacity floating around the world." he said. "At the same time, the growth of international trade has slowed **considerably**, so there really isn't the cargo to fill all of these vessels."

The weakening of global trade and **excess** shipping capacity have seen the **benchmark** Baltic Dry Index fall to levels comparable with the global financial crisis, when world trade fell **dramatically**.

> **NOTE** 벌크운임지수(Baltic Dry Index)의 약자인 BDI로도 불리며 발틱 해운거래소가 발표하는 해운 운임 지수를 가리킨다. 철광석·석탄·곡물 등 원자재를 실어 나르는 벌크선의 시황을 나타내며 세계 26개 주요 항로의 배 유형별 벌크화물 운임과 용선료 등을 종합해서 나타낸다.

Mr Levinson said Hanjin's crisis was ultimately caused by a **misreading** of the global economy and **high stakes bets** gone wrong. "In this case, the ship lines ordered these mega-ships six, seven, eight years ago, they were at the time thinking that the world economy was going to come out of the financial crisis growing strongly again." he observed. "The world economy did come out of the financial crisis but it's growth has been fairly weak, so it's simply bad **forecasting**."

With Hanjin's assets frozen, and speculation the fleet could be liquidated, concerns are growing that the company's bills will not be paid. As a result, Hanjin ships are stranded around the globe, with one denied passage through the Suez Canal.

Threat to consumer goods imports

All of this is being watched closely by Hanjin's **competitors**, such as ANL in Australia. "They would be carrying a variety of cargoes: furniture, electronics, any consumables." ANL's managing director John Lyons observed.

> **NOTE** 상무를 흔히 한국에서는 'Managing Director'라 하는데 사실 이는 외국의 사용 예와 맞지 않는다. 'Managing Director'라 하면 서양에서는 보통 법인장이나 사장의 개념으로 쓰이거나 일반 기구의 총재 정도 되는 의미이므로 한국과 국제적으로 통용되는 개념을 단순 비교하기에는 무리가 있다.

Mr Lyons said the Hanjin **fallout** is yet to hit Australia. "Australia today is not at the same level of manufacture as it was many years ago, so most of our products are imported." he said. "Fortunately, I think in Australia's case, there is still more than **adequate** capacity to ship those products into Australia."

"But it gives a very bad indication of the state of the shipping industry."

Mr Lyons said these **payment disputes** could hold up a lot of cargo deliveries around the world. "In any situation where there is a dispute on payment, generally speaking, the contractors will seek guarantees before they handle the vessels, this will apply to the stevedores." he said. "So there could be a number of ships involved with delays that are related to Hanjin."

'Demolish' the ships

With no end in sight to the weakness in global trade growth, given the failure of various **monetary stimulus measures** to boost demand, it seems that only cutting the size of the global freight fleet will **rebalance** supply and demand to lift freight prices. Bloomberg analyst David Fickling has proposed a drastic solution to the global shipping **oversupply**. "These ships have to be not just put into administration and sold to someone else, but demolished." he argued. "They need to be taken to beaches in Bangladesh, Pakistan and India and torn into scrap."

> **NOTE** Demolish는 보통 철거나 파괴를 의미하지만, 선박 업계 용어로는 해체가 문맥에 맞는 번역이다. 노후하되거나 문제가 있는 선박을 최대한 작은 고철 단위로 분해하여 철이나 쓸 만한 기계들을 되파는 작업을 선박 해체(스크랩)라고 하며 작업 자체가 위험할 뿐만 아니라 인체에도 굉장히 유해한 작업이기 때문에 후진국인 방글라데시, 파키스탄, 인도 등에 해체소가 많이 있다.

Hanjin **plunged** 30 percent on the first trading day since filing for receivership — the maximum loss limit set by the Seoul Stock Exchange.

3. 한글 번역

한국 대형 해운(선박) 회사의 몰락이 아시아 태평양 지역에 있는 주요 항만들에 혼란을 주기 시작했다.

세계에서 일곱 번째로 큰 해운회사인 한진해운은 지난주에 채권자들이 구조조정 계획을 거절함에 따라 법정관리에 들어가게 되었다. 아직 호주에 미치는 영향은 없으나 부두와 항만 작업자들이 서비스에 대한 선불은 물론 기존의 체납금까지 현금으로 요구하면서 한진의 선박들이 부두 접안(Docking)을 거절당하고 있다. 지난 금요일부터 45척의 선박들이 중국, 일본, 싱가폴 그리고 인도의 항구들로부터 부두 접안을 거부당하면서 말 그대로 회사 자체가 바다에 둥둥 떠 있는 상황이다. 한진은 국영 기업인 한국 산업은행을 포함한 채권자들의 집요한 요구를 견디지 못하고 결국 부도 유예(법정관리)를 신청하였다.

애널리스트이자 작가인 Mark Levinson 씨는 "한진의 위기가 국제 무역의 어두운 전망과 컨테이너 해운 시장의 공급 과잉을 나타내는 것."이라고 말했다. 그는 "한편으로는 많은 선박 회사들이 아주 거대한 선박들을 건조했다. 이 선박들은 한 번에 40피트 규모의 컨테이너를 10,000개 이상을 적재할 수 있는 초대형 선박들이며 그래서 현재 전 세계적으로 선적 능력이 많이 남아도는 현상이 발생하고 있다."라고 덧붙였다. 이와 동시에, 국제 무역 증가율이 크게 감소하는 추세라서, 이런 많은 선박을 채워 줄 충분한 화물들이 없는 실정이다.

이러한 국제 무역의 약세와 선적 능력의 과잉은 기준점이 되는 BDI 지수마저 국제 무역이 극심하게 감소했던 세계금융위기 당시의 수준과 비교될 정도의 수준으로 감소시키고 있다.

Levinson 씨는 세계 경제를 잘못 판단하여 지나치게 공격적으로 투자를 한 것이 한진 사태의 궁극적인 원인이라고 분석했다. 그는 "이번 경우를 보면, 선박 회사들이 6~8년 전에 초대형 선박들을 많이 발주했고 그 당시 그들은 세계 경제가 금융위기로부터 탈출하여 다시 크게 반등할 것이라고 판단을 했던 것 같다."라고 설명했다. "세계 경제가 금융위기에서 벗어난 것은 맞지만, 그 성장세는 상당히 약하다. 그러므로 그 당시의 판단은 아주 잘못된 예측이었다."

한진의 자산이 동결되고 선박들이 청산될 것이라는 추측들이 나오자 회사의 어음들이 제대로 결제가 되지 못하는 것이 아니냐는 걱정이 커지고 있다. 그 결과 세계 곳곳에서 한진의 선박들이 가압류를 당함은 물론 한 선박은 수에즈 운하 통항조차 거부당했다.

소비재 수입에 미칠 악영향

이 모든 상황은 ANL(글로벌 해운회사) 같은 한진의 경쟁자들이 예의주시하고 있다. ANL 호주 법인의 John Lyons 사장은 "그들은 가구, 전자 제품, 기타 소비재들을 포함한 많은 종류의 화물을 운송해 왔다."라고 말했다.

Lyons 사장은 한진의 몰락이 호주에 미치는 영향은 아직 없다고 말했다. 그는 "오늘날 호주의 제조업은 예전과 같은 수준이 아니므로 많은 재화나 상품을 수입해서 쓰고 있다. 다행히 호주의 경우는 그 재화들을 호주에 들여오기에 충분하고도 남을 정도의 역량이 있다."라고 분석했다.

"그렇다 하더라도 이것이 해운업계의 현 상황에 대해 아주 나쁜 징조인 것은 틀림없다."

Lyons 사장은 이러한 지급 관련 분쟁들이 전 세계의 많은 화물 운송을 지체시킬 수 있다고 말했다. 일반적으로 지급과 관련된 분쟁이 있을 경우 도급업자들은 해당 선박에 대한 어떤 일을 맡기 전에 확실한 보장을 받기를 원한다. 보통 부두나 항만 작업자들이 여기에 해당한다. 그래서 한진과 연관이 있는 꽤 많은 선박이 지체가 되는 문제에 연루될 수밖에 없다.

선박 '해체'

수요를 증가시키기 위해 실시된 여러 가지 금융, 통화 관련 부양책들이 실패한 것에 비추어 보면 국제 무역 성장세의 약화 추세는 좀처럼 끝이 보이지 않는다. 현재로서는 국제적으로 선복량(화물선의 총량)을 줄이는 것만이 수요와 공급의 균형을 재조정하여 운송비를 올리는 유일한 방법으로 보인다. 블룸버그 통신의 애널리스트인 David Fickling 씨는 국제 해운업계의 과잉 공급 문제에 대해 과감한 해결책을 제시했다. 그는 "이러한 선박들은 행정 처분을 당하거나 누군가에게 매도하는 것뿐만 아니라 해체가 되어야 한다."라고 주장했다. "선박들은 방글라데시, 파키스탄 그리고 인도의 해변가로 옮겨져서 해체되어야 한다."

한진의 주가는 법정관리 신청 후 첫 거래일에 30% 폭락했으며 이 수치는 한국 거래소가 지정한 최대 하한선이다.

4. Words&Phrases

1 **receivership**: 재산관리, 관리인의 관리 아래 있는 상태, 위임통치

2 **creditor**: 채권자, 외상 판매하는 사람

3 **restructuring plan**: 구조조정 계획서

4 **stevedore**: 항만 작업자, 부두 인부

5 **arrear**: 지체, 미불금, 체납금

6 **vessel**: 배, 비행선(다른 뜻: 혈관, 도관, 맥관)

7 **in hot pursuit**: 집요하게 뒤쫓다, 맹렬히 추격하다

8 **bankruptcy protection**: 부도 유예 협약(부도 업체에 일정 기간 채무를 유보해 주는 조치)

9 **underscore**: 밑줄을 치다, 강조하다

10 **over capacity**: 생산 과잉, 설비 과잉

11 **considerably**: 상당히, 어지간히, 매우, 꽤

12 **excess**: 초과, 과잉, 과도

13 **benchmark**: 수준점, 고저의 기준점, 표준가격

14 **dramatically**: 극적으로, 연극으로, 감격적으로

15 **misreading**: 오해하다, 잘못 해석하다

16 **high stakes bet**: 고위험 도박, 리스크가 큰 베팅

17 **forecast**: 예상, 예보, 전조, 예측

18 **frozen**: 자산 등의 동결, 봉쇄(다른 뜻: 추위로 언, 냉동의, 혹한의)

19 **speculation**: 추론, 억측(다른 뜻: 심사숙고, 사색, 고찰)

20 **liquidate**: 증권, 부동산 등을 현금화하다, 회사 부채를 청산하다, 회사를 정리하다

21 **stranded**: 좌초되다, 오도 가도 못 하다

22 **competitor**: 경쟁자

23 **fallout**: 예기치 않은 결과, 부산물, 낙오자

24 **adequate**: 적당한, 충분한

25 **payment dispute**: 지급 관련 분쟁

26 **monetary stimulus measure**: 통화/재정 경기 부양책

27 **rebalance**: 재조정하다, 균형을 다시 맞추다

28 **drastic solution**: 과감한 해결책, 수단

29 **oversupply**: 공급 과잉

30 **plunge**: 가라앉다, 급락하다(다른 뜻: 무모한 투자나 도박)

5. 영어로 기사를 써 보자

1) Hanjin went into (   ) late last week after its (   ) rejected a restructuring plan.
한진해운은 지난주에 **채권자들**이 구조조정계획을 거절함에 따라 **법정관리**에 들어가게 되었다.

2) With creditors — including the (   ) Korea Development Bank — in hot pursuit Hanjin has filed for bankruptcy protection.
한진은 **국영 기업**인 한국 산업은행을 포함한 채권자들의 집요한 요구를 견디지 못하고 결국 부도 유예를 신청하였다.

3) Analyst and author Mark Levinson said the Hanjin crisis underscores the soft outlook for global trade and (   ) in the container shipping market.
애널리스트이자 작가인 Mark Levinson 씨는 "한진의 위기가 국제 무역의 어두운 전망과 컨테이너 해운 시장의 **공급 과잉**을 드러내는 것."이라고 말했다.

4) With Hanjin's assets (   ), and (   ) the fleet could be liquidated, concerns are growing that the company's bills will not be paid.
한진의 자산이 **동결되고** 선박들이 청산될 것이라는 **추측**들이 나오자 회사의 어음들이 제대로 결제가 되지 못하는 것이 아니냐는 걱정이 커지고 있다.

5) Bloomberg analyst David Fickling has proposed a (   ) to the global shipping oversupply.
블룸버그 통신의 애널리스트 David Fickling 씨는 국제 해운업계의 과잉 공급 문제에 대해 **과감한 해결책**을 제시했다.

Samsung TVs mysteriously switching off in South Australia

남호주 지역에서 알 수 없는 이유로 계속 꺼지는 삼성 TV

Reporter: Rhett Burnie/15 Aug 2018

1. 기사 해설

호주의 남부 지역에서 삼성 TV에 대한 결함이 지속해서 보고되어 뉴스가 되었던 헤프닝을 다룬 기사이다.

한창 시끄러웠지만, 그 후로 나온 이야기들을 보면 삼성 제품 자체에 문제가 있는 것이 아니라 한 방송국의 새로운 전파 송신과 연관되어 어떤 일시적인 장애가 있었던 것으로 보인다.

2. 기사 본문

Global electronics giant Samsung has been hit by a mysterious **glitch** that is causing several of its television models in **regional** South Australia to lose signal and turn off.

Technicians say the issue was first reported on Friday in the Riverland and the state's south-east, and appears to be **isolated** to the two regions. But at least one resident in the Victorian town of Langkoop has also reported the glitch. Scores of owners have taken to social media, **puzzled** by the problem. Electronics store worker Brendan Albrecht, who is based in Berri in the Riverland, said the issue was **widespread** and affecting multiple models. "At this stage, it's anything that's roughly three years old to eight years old." Mr Albrecht said.

"Samsung are working on it at the moment — they're aware of the situation — but they haven't come back to us with what the cause is or what can be done to fix them at this stage."

Another store operator, who did not want to be named, told the ABC he was aware of some customers who thought their television was broken and replaced it with a new one.

The ABC understands a new signal was switched on by WIN Television last week **in preparation for** the **launch** of Sky News — which is due to begin broadcasting on **free-to-air** next month. Mr Albrecht said customers had speculated whether that had caused the glitch. "That seems to be the **coinciding** thing that people are saying, but whether or not that caused this issue [we] don't know for sure." he said.

New signal switch could be behind the glitch: expert

Tech expert and media **commentator**, Richard Pascoe, told the ABC either the new signal switch, or a software update from Samsung, could be behind it. "It might not be a quick fix at all, that's what concerns me about this." Mr Pascoe said.

A WIN TV representative confirmed the network switched on a new signal last Tuesday but said the broadcaster did not believe that had **played any part** in the glitch. The network declined the ABC's request for an interview.

In an email, a Samsung spokeswoman said the technology giant did not send any software updates out last week. "I would like to **clarify** that Samsung did not conducted any software or **firmware** updates to our televisions during the time that the issue has occurred." she said. In a **statement**, Samsung also urged affected customers to contact the company. "Samsung is aware of the reported TV issue **impacting** some of our customers in the Mount Gambier region in South Australia. We are **working closely** with our partners to identify the cause and to find a solution as quickly as possible."

"Any Samsung customers who are impacted can contact us via 1300 362 603 or samsung.com.au."

3. 한글 번역

세계적인 전자 회사인 삼성의 몇몇 텔레비전 기종들이 호주 남부의 변두리 지역에서 계속 꺼지거나 수신을 제대로 하지 못하는 등의 원인을 알 수 없는 결함을 일으키고 있다.

기술자들은 이러한 현상이 처음 접수가 된 것은 지난 금요일 리버랜드 지역과 남호주(SA)주의 남동쪽 지역에서였고 처음에는 이 두 지역에 한정된 문제로 보았다고 한다. 그러나 빅토리아주의 랭쿱 지역에 거주하는 주민 한 명도 비슷한 결함을 알려 왔다. 다수의 구매자는 이 문제에 황당함을 느꼈고 이를 소셜 미디어에 올렸다. 리버랜드 지역의 베리타운에 소재한 전자기기 판매점에서 일하는 Brendan Albrecht 씨는 "이 문제가 광범위하게 발생했고 영향을 받는 기종 또한 여러 가지로 다양하다."라고 말했다. 그는 "현재로서는 대략 3년에서 8년 정도 된 제품들에서 이러한 문제가 있는 것으로 보인다."라고 밝혔다.

"삼성 측에서는 현재 이 상황을 충분히 인지하고 있으며 문제 해결을 위해 노력 중이지만, 그들은 원인이 무엇이며 또한 이 문제를 고치기 위해 어떻게 해야 하는지에 대해서는 아직 우리에게 답변하지 못하고 있다."

익명을 요구한 또 다른 가게 점원은 ABC와의 인터뷰에서 이미 몇몇 고객들이 그들의 텔레비전이 고장 난 것인 줄 알고 새것으로 바꾼 것으로 알고 있다고 밝혔다.
ABC가 조사해 본 바로는 지난주에 WIN 텔레비전(호주의 케이블 방송국) 측이 Sky

News 개설 준비과정에서 새로운 전파를 송신한 것으로 보인다. 이러한 조치는 다음 달부터 무료방송을 시작하기 위한 것이었다. Albrecht 씨는 고객들이 이러한 조치가 결함을 야기한 것이 아닌지 추측하고 있다고 전했다. 그는 "사람들은 그것과 뭔가 연관이 있는 것으로 보인다고 말한다. 그러나 우리는 아직 정말로 이게 문제를 일으킨 원인인지는 알지 못한다."라고 말했다.

전문가 의견: 새로운 전파가 결함의 원인

기술 전문가이자 뉴스 해설자인 Richard Pascoe 씨는 ABC와의 인터뷰에서 새로운 전파로의 변경이나 삼성 측의 소프트웨어 업데이트, 둘 중 하나가 원인일 것이라고 의견을 내놓았다. Pascoe 씨는 "이것이 빨리 고쳐질 문제 같지 않다. 그게 내가 걱정하는 이유이다."라고 밝혔다.

WIN TV 측의 대표는 지난주 화요일에 새로운 전파를 송신한 것은 맞다고 인정을 하면서도 자신들의 방송국이 이러한 결함에 어떠한 영향을 미쳤다는 것은 믿을 수 없다고 답했다. 해당 방송국 측은 ABC의 공식 인터뷰 요청은 거절했다.

반면 삼성 측의 대변인은 지난주에 삼성은 어떠한 소프트웨어 업데이트도 보내지 않았다고 이메일로 입장을 밝혔다. 그녀는 "나는 그러한 문제가 발생했을 당시에 삼성 측이 당사의 텔레비전과 관련하여 어떠한 소프트웨어나 펌웨어 업데이트도 진행하지 않았음을 명백히 밝히고자 한다."라고 말했다. 또한, 삼성 측은 해당 문제를 겪고 있는 고객들은 회사로 연락을 줄 것을 요구하는 성명을 발표했다. "삼성은 남호주 지역에 있는 고객들에게 영향을 미치고 있는 TV 관련 문제를 충분히 인지하고 있습니다. 우리는 최대한 이른 시일 내에 이 문제의 원인을 밝히고 해결 방법을 찾기 위해 협력사들과의 긴밀한 협조를 통해 노력하고 있습니다."

"삼성의 고객 누구라도 이러한 문제를 겪고 있다면 1300 362 603 또는 samsung. com.au.으로 연락을 주십시오."

4. Words&Phrases

1 **glitch**: 기계나 계획 등의 결함, 작은 기술상의 문제

2 **regional**: 지역의, 지방의

3 **isolated**: 고립된, 격리된, 구별된

4 **puzzled**: 불가해한, 곤혹스러운

5 **widespread**: 광범위하게 퍼진, 보급된, 널리 받아들여진

6 **in preparation for**: ~의 준비로, ~를 대비하여

7 **launch**: (사업/계획 등)을 시작하다, 착수하다(다른 뜻: 배를 진수하다, 로켓을 발사하다)

8 **free-to-air**: 구독 혹은 수신료 없이 볼 수 있는 방송 서비스. FTA라고도 한다

9 **coincide**: 동시에 일어나다(다른 뜻: 일치하다, 부합하다)

10 **commentator**: 방송 아나운서, 시사 해설자

11 **play any part**: 어떤 역할을 하다

12 **clarify**: 분명히 하다, 해명하다, 알기 쉽게 설명하다

13 **firmware**: 펌웨어, 실행 과정에서 변경이 불가능한 읽기 전용 소프트웨어

14 **statement**: 성명서, 진술, 보고서

15 **affected customers**: 영향을 받은 고객들

16 **impact**: 영향을 주다, 충돌하다, 부딪히다

17 **work closely**: 긴밀한 협조를 통해 일하다

5. 영어로 기사를 써 보자

1) Technicians say the issue was first reported on Friday in the Riverland and the state's south-east, and appears to be (   ) to the two regions.
기술자들은 이러한 현상이 처음 접수가 된 것은 지난 금요일 리버랜드 지역과 남호주(SA)주의 남동쪽 지역에서였고 처음에는 이 두 지역에 **한정된** 문제로 보았다고 한다.

2) The issue was (   ) and affecting multiple models.
이 문제가 **광범위하게 발생했고** 영향을 받는 기종 또한 여러 가지로 다양하다.

3) Mr Albrecht said customers had speculated whether that had caused the
(   ).

Albrecht 씨는 고객들이 이러한 조치가 **결함**을 야기한 것이 아닌지 추측하고 있나고 전했다.

4) I would like to (   ) that Samsung did not conducted any software or firmware updates to our televisions during the time that the issue has occurred.

나는 그러한 문제가 발생했을 당시에 삼성 측이 당사의 텔레비전과 관련하여 어떠한 소프트웨어나 펌웨어 업데이트도 진행하지 않았음을 **명백히 밝히고자** 한다.

5) Samsung is aware of the reported TV issue (   ) some of our customers in South Australia.

삼성은 남호주 지역에 있는 고객들에게 **영향을 미치고 있는** TV 관련 문제를 충분히 인지하고 있습니다.

NSW inter-city train fleet contract short-sighted, report says

현대 로템 수주: NSW주의 도시 간 순환 열차 차량 계약은 근시안적인 결정이다

Reporter: Andrew Griffits/1 Sep 2016

1. 기사 해설

2016년, 호주 NSW주는 시드니를 포함한 주변 도시들을 연결하기 위해 약 2조 원 규모의 도시 간 순환 열차 프로젝트를 진행하였고 현대 로템과 UGL 그리고 Mitsubishi Electric Australia가 합작 투자한 RailConnect 컨소시엄이 수주를 따냈다. 언뜻 보기에는 3개 회사의 합작으로 보이나 그 내용을 잘 살펴보면 사실상 현대 로템이 디자인, 생산 제작 그리고 시험 및 커미셔닝까지 모두 맡고 나머지 두 회사는 호주 현지 사정을 고려한 지원을 하는 형태이다. 공공 부문의 사업인데도 불구하고 한국 기업에 수주를 준 이러한 NSW주 정부의 결정에 호주의 산업계와 노동조합이 반발하고 나섰던 사건을 다룬 뉴스이다.

2. 기사 본문

A report by think tank The Australia Institute has criticised the New South Wales Government's decision to award a multi-billion dollar transport infrastructure contract to a foreign consortium.

Earlier this year, the NSW Government **awarded** a $2.3 billion contract to the RailConnect Consortium to build an inter-city train fleet for the state. Five hundred new **double-decker** carriages will be built in South Korea. The trains will run between Sydney and Newcastle, the Central Coast, the South Coast and the Blue Mountains.

Transport Minister Andrew Constance has previously defended the decision to send manufacturing offshore, saying the move represented a 25 percent saving. But the report, commissioned by the Australian Manufacturing Worker's Union, has **criticised** the **procurement** process. Institute chief economist Richard Denniss said that, in pursuing the cheapest option, the Government had ignored the wider economic impacts of the deal.

Dr Denniss said "the NSW Government has, by its own description, purely set out to say, 'what's the cheapest that we can buy these trains?'" "There's been no **comprehensive** cost-benefit analysis of the flow on jobs, the training, the investment, the skills that could be developed in the NSW economy from building what is a very large number of **public transport** assets."

Maintenance may be done by overseas workers

Dr Denniss said it also appeared likely that foreign workers would be used to maintain the new carriages. "The contract that's been signed suggests that not only will the trains be built overseas ⋯ but overseas workers will come here to perform scheduled maintenance." "It is a very **short-sighted** approach to skills development and investment in this country." The report recommended the Government **put the contract on hold** and **undertake** what it called "a comprehensive, public, and transparent economic and financial analysis of the costs and benefits of sourcing this important work **domestically** versus offshore." "They really should **revisit** the decision and perform a full **cost-benefit analysis**." Dr Denniss said. "Not just try and find the cheapest price, but try and find the best value for NSW and for the Australian economy."

The ABC has contacted the NSW Government for comment.

3. 한글 번역

호주 연구소는 보고서를 통해 NSW(뉴 사우스 웨일즈)주 정부가 수조 원대의 교통 기간시설 계약 건을 외국의 컨소시엄에 수주를 주기로 한 결정에 대해서 비난하고 나섰다.

올해 초 NSW주 정부는 도시 간 순환 열차의 차량을 만드는 업자를 선정하는 약 2조 원에 달하는 계약을 RailConnect 컨소시엄에 수주했다. 이는 500개에 달하는 새로운 더블데커(2층) 열차 차량이 대한민국에서 만들어진다는 것이다. 열차는 시드니와 뉴캐슬, 센트럴 코스트, 사우스 코스트 그리고 블루마운틴 지역들을 연결하게 될 예정이다.

Andrew Constance 교통부 장관은 열차 생산을 해외에서 하기로 한 이번 결정은 약 25%의 예산을 아끼기 위해서였다는 말을 하며 정당성을 주장했다. 그러나 호주 제조업자 노동조합에서 위임하여 제작된 보고서는 해당 조달 과정을 비난했다. 호주 연구소의 수석 경제학자 Richard Denniss 박사는 "정부가 오로지 가장 가격이 낮은 옵션을 선택하기 위해서 이 계약 건이 거시적인 경제에 미칠 영향을 완전히 무시했다."라고 주장했다.

Denniss 박사는 "NSW주 정부가 내놓은 설명에 따르면 그저 어떻게 하면 우리가 가장 싸게 이 열차들을 살 수 있는가만 생각한 것이다."라고 덧붙였다. "아주 많은 대중교통 수단을 제조하는 것으로 인해서 NSW주의 경제에서 생겨날 일자리, 직업 교육, 투자, 기술 등의 종합적인 비용-수익 분석조차 없었다."

유지와 보수 또한 외국인 기술자들에게 맡겨질 듯

Denniss 박사는 새로운 열차의 유지 보수 또한 외국의 기술자들에게 맡겨질 가능성이 커 보인다고 말했다. "이미 사인이 된 이번 계약을 보면 열차 차량이 외국에서 만들어지는 것뿐만 아니라 정기 점검과 수리 또한 외국의 기술자들이 호주에 와서 할 것으로 되어 있다. 이 나라의 기술력 개발과 투자 측면을 고려한다면 이번 결정은 매우 근시안적인 접근이었다." 보고서는 정부가 이번 계약 건을 당장 중단하고 이러한 중요 프로젝트 수주를 국내 기업과 해외 기업에 줄 때의 차이점에 관해서 보다 종합적, 공공적 그리고 투명하게 경제 비용-수익 분석을 이행하라고 촉구했다. Denniss 박사는 "정부는 심각하게 이번 결정을 재검토하고 전면적인 비용-수익 분석을 해야 한다."라고 말했다. "그저 가격이 싼 것만 찾을 것이 아니라 무엇이 NSW주와 호주의 경제에 가장 좋은 영향을 가져다주는지를 알아봐야 한다."

ABC는 NSW주 정부에 연락을 취하고 해명을 요청한 상태이다.

4. Words&Phrases

1 **award**: 수여하다, 주다, 보답하다

2 **double-decker**: 이층 버스(열차), 이층 샌드위치

3 **criticised**: 비난을 받다

4 **procurement**: 조달, 획득, 주선

5 **comprehensive**: 포괄적인, 범위가 넓은, 종합적인

6 **public transport**: 대중교통

7 **short-sighted**: 근시의, 근시안적인

8 **put the contract on hold**: 계약을 보류하다, 연기하다

9 **undertake**: 떠맡다, 착수하다, 책임을 지다

10 **domestically**: 국내에서, 가정적으로, 가사상

11 **revisit**: 재방문하다, 재검토하다, 다시 돌아보다

12 **cost-benefit analysis**: 비용 수익 분석

5. 영어로 기사를 써 보자

1) The NSW Government (   ) a $2.3 billion contract to the RailConnect Consortium to build an inter-city train fleet for the state.
올해 초 NSW주 정부는 도시 간 순환 열차의 차량을 만드는 업자를 선정하는 약 2조 원에 달하는 계약을 RailConnect 컨소시엄에 **수주했다**.

2) Five hundred new (　　　　　　) carriages will be built in South Korea.

500개에 달하는 새로운 **2층** 열차 차량이 대한민국에서 만들어진다는 것이다.

3) The report, commissioned by the Australian Manufacturing Worker's Union, has criticised the (　　　　　　).

호주 제조업자 노동조합에서 위임하여 제작된 보고서는 해당 **조달 과정**을 비난했다.

4) It is a very (　　　　　　) approach to skills development and investment in this country.

이 나라의 기술력 개발과 투자 측면을 고려한다면 이번 결정은 매우 **근시안적인** 접근이었다.

5) They really should (　　　　　　) the decision and perform a full cost-benefit analysis.

정부는 심각하게 이번 결정을 **재검토**하고 전면적인 비용-수익 분석을 해야 한다.

Hyundai promises to obey consumer law amid ACCC crackdown on car industry

호주 소비자 경쟁 위원회가 자동차 업계에 대한 일제 단속을 함에 따라
현대차는 자발적으로 소비자 법을 준수하기로 약속했다

Reporter: business reporter David Chau/8 Feb 2018

---

1. 기사 해설

ABC 경제부의 David Chau 기자가 쓴 기사이다. 소비자 보호법에 대해 현대자동차를 포함한 기타 유명 자동차 회사들과 호주 소비자 협회와의 입장 차이를 다루고 있다. 자동차 오너들이 알고 있으면 도움이 될 만한 소비자 권리에 관한 간단한 법률 지식들도 중간마다 포함되어 있다.

2. 기사 본문

Hyundai is the latest car manufacturer promising to improve its <u>compliance</u> with <u>consumer law</u> and better inform customers of their <u>legal rights</u>.

The move follows a <u>**crackdown**</u> on the car industry by the Australian Competition and Consumer Commission(ACCC). The corporate <u>**watchdog**</u> has received about 10,000 customer complaints in the last couple of years about Hyundai, Ford, Holden and other car manufacturers. A common complaint is car owners being treated unfairly under the terms of manufacturer's <u>**warranties**</u>. Many consumers are unaware they have automatic rights under the Australian Consumer Law(ACL), regardless of whether a problem with their new car is covered by the manufacturer's warranty. In cases when the vehicle is <u>**inherently**</u> faulty, and its problems simply cannot be repaired, customers may be

entitled to seek a refund or replacement vehicle.

"When you're taking back the vehicle four or five times, and the problem is not fixed, then I think it's fair to say there's an **underlying** problem with the vehicle." ACCC chairman Rod Sims told the ABC. "It wasn't fit for the purpose for which it was sold, and that triggers these consumer guarantee rights."

Hyundai has **voluntarily** provided a legally **enforceable** undertaking to inform customers about their consumer rights. The company will also review complaints received in the last 12 months, and scrutinies its policies to ensure they comply with the ACL.

Holden <u>capitulates</u> as Ford fights on

The ACCC was also able to extract a similar court-enforceable under-taking from Holden in August last year. Holden had "**misrepresented** to some consumers that it had **discretion** to decide whether the vehicle owner would be offered a refund, repair or replacement for a car with a manufacturing fault." Mr Sims said. The car manufacturer also misrepresented the law by saying "any **remedy** was a **goodwill** gesture."

It also wrongly told consumers they were not entitled to remedies because their vehicle had not been serviced by a Holden dealer; had not been serviced **regularly** enough; or had been bought second-hand. Before the ACCC's **intervention**, Holden had refused to define **multiple** minor faults as a "major failure", which would entitle consumers to a refund or replacement, rather than just repairs. Mr Sims said he was currently in talks with all the major manufacturers to get them to follow Holden and Hyundai and change their warranty policies.

In the meantime, he is busy with the ACCC's court case against Ford, which began in July last year. The consumer watchdog alleged that Ford misled and **deceived** customers in regards to 70,000 vehicles fitted with a faulty dual-clutch automatic gearbox. Thousands of customers had complained about their Ford vehicles **shuddering** and **jerking** when accelerating, suddenly losing power or making a lot of noise. Some even took their car in for repairs seven times, but Ford claimed the customer's driving styles were causing the problems.

The ACCC's most serious **allegation** was that Ford took **surrendered** vehicles and re-sold them to **unsuspecting** new buyers without disclosing transmission issues. The case against Ford in the Federal Court is ongoing.

3. 한글 번역

현대차는 최근 소비자 법을 준수하기 위해 더 노력하는 것과 동시에 소비자들에게 그들이 가진 법적인 권리를 더 상세히 고지할 것을 약속한 자동차 생산 업체이다.

이는 호주 소비자 경쟁 위원회의 일제 단속 이후에 나온 조치이다. 기업 감시인단은 지난 2년여간 현대, 포드, 홀덴 그리고 기타 자동차 생산 업체들에 대한 약 10,000건에 달하는 소비자 불만을 접수했다. 가장 흔한 불만 사항으로는 생산자 품질 보증의 조항들이 차주들에게 불리하게 작용한다는 것이었다. 많은 소비자가 그들이 새로 구입한 차의 문제가 생산자 품질 보증 적용 대상인지 아닌지에 상관없이 자동으로 호주 소비자 법에 따라 보호받고 있다는 것조차 모르고 있다. 만약 자동차에 고유의 결함이 있거나 그 문제가 간단히 수리될 것이 아닌 경우라면, 소비자들은 환불이나 교환을 요구할 권리가 있다.

호주 소비자 경쟁 위원회의 Rod Sims 회장은 ABC와의 인터뷰에서 "만약 당신이 자동차를 네다섯 번 정도 수리를 하고서도 문제가 고쳐지지 않을 경우, 차에 어떤 내재된 결함이 있다고 보는 것이 맞다고 생각한다."라고 밝혔다. "그것은 본래 판매가 되는 목적에 전혀 부합되지 못하는 것이다. 그리고 그것이 소비자 보증 권리를 강화한 계기이다."

현대차는 모든 고객에게 그들이 가진 소비자 권리를 성실히 고지하기 위한 법적 효력을 가진 보증을 자발적으로 마련했다. 또한, 회사 측은 지난 12개월간 접수된 불만 사항을 재검토하는 것은 물론 호주 소비자 법에 부합되도록 내부 규정을 면밀히 재검토할 것이라고 밝혔다.

포드는 계속 저항하고 있으나 홀덴은 굴복하다

호주 소비자 경쟁 위원회는 지난해 8월에 이와 비슷하게 홀덴사로부터 법적으로 효력이 있는 보증을 받아낸 바 있다. Sims 회장은 "홀덴사가 생산상의 결함이 있는 자동차에 대해 차주가 환불, 수리 또는 교환을 받을지는 회사 측이 임의대로 결정할 권한이 있다는 내용의 허위 사실을 일부 고객들에게 고지했던 사례가 있었다."라고 밝혔다. 또한, 이 자동차 회사는 이를테면 "특정 배상을 고객에 대한 호의로 해 준 것."이라는 식의 잘못된 법 해석을 바탕으로 한 허위사실을 오남용해 왔다.

그들은 또한 자동차가 정규 홀덴 업체에서 서비스를 받지 않았거나, 매뉴얼에 따라 정기적으로 서비스를 받지 않았거나, 혹은 중고차를 구매한 것일 경우에 소비자들은 배상을 받을 권한이 없다고 잘못된 정보를 말해 왔다. 또한, 홀덴 측은 호주 소비자 경쟁 위원회의 개입이 있기 전까지만 해도 여러 가지 사소한 결함들이 중대 결함으로 성립이 된다는 것을 인정하기를 거부해 왔었다. '중대 결함'이 인정될 경우에는 소비자들이 수리 대신 환불이나 교환을 받을 권리가 생기기 때문이다. Sims 회장은 현재 다른 모든 메이저급 자동차 회사들과 홀덴과 현대의 케이스들처럼 그들의 품질 보증 정책을 바꾸도록 하기 위해 상의 중이라고 말했다.

한편, 그는 지난해 7월에 시작된 호주 소비자 경쟁 위원회의 포드사에 대한 법적 분쟁 문제로 한창 바쁘다. 소비자 감시인단은 포드사가 결함이 있는 듀얼 클러치 기어박스가 장착된 약 70,000대의 차량들에 관해 고객들을 속이고 오도했다고 전했다. 수천 명의 고객이 그들의 포드 자동차가 가속 중에 심하게 진동하거나 떨리고 또는 갑자기 전원이 꺼지거나 혹은 심한 소음을 낸다고 컴플레인을 했다. 어떤 사람은 심지어 일곱 번 이상 차량의 수리를 받기도 했으나 포드사 측에서는 고객들의 운전 스타일이 문제를 야기한 것이라고 주장해 왔다.

호주 소비자 경쟁 위원회의 진술 중에서 가장 심각한 것은 포드사 측에서 반품되어 돌아온 차량들을 아무것도 모르는 구매자들에게 트랜스미션 문제에 대해 아무런 정보 제공을 하지 않고 재판매했다는 것이다. 포드사에 대한 이 소송 건은 현재 연방 법원에서 진행 중이다.

4. Words&Phrases

1 **compliance**: (명령, 법률) 준수, 순종, 따르기

2 **consumer law**: 소비자 법

3 **legal right**: 법적인 권리

4 **crackdown**: 법률 등의 엄격한 시행, 단호한 단속, 일제 단속

5 **watchdog**: 감시견, 파수꾼, 감시인

6 **warranty**: 품질들의 보증, 보증서, 정당한 권한(다른 뜻: 영장, 인가)

7 **inherently**: 생득적으로, 본질적으로

8 **entitled to**: ~할 권리가 있는

9 **underlying**: 내재하는, 잠재적인(다른 뜻: 기초를 이루는, 기본적인)

10 **voluntarily**: 자발적으로, 자주적으로

11 **enforceable**: 실행할 수 있는, 강요할 수 있는

12 **capitulate**: 항복하다, 굴복하다

13 **misrepresent**: 잘못 전하다, 부정확하게 말하다

14 **discretion**: 결정권, 자유재량, 임의의

15 **remedy**: 치료, 처치, 개선책, 구제 방법

16 **goodwill**: 친선, 호의

17 **regularly**: 정기적으로, 규칙적으로

18 **intervention**: 중재, 개입, 간섭

19 **multiple**: 많은 요소의, 다방면의, 다각적인, 복합의

20 **deceive**: 속이다, 기만하다, 사기 치다

21 shudder: 떠는, 몸서리치는, 오싹하는

22 jerk: 갑작스러운 움직임, 경련

23 allegation: 주장, 단언, 법적인 진술

24 surrender: 넘겨주다, 인도하다, 항복하다, 양도하다

25 unsuspect: 의심하지 않는, 신용하는

5. 영어로 기사를 써 보자

1) Hyundai is the latest car manufacturer promising to improve its (　　　　) with (　　　　) and better inform customers of their legal rights.

현대차는 최근 **소비자 법**을 **준수**하기 위해 더 노력하는 것과 동시에 소비자들에게 그들이 가진 법적인 권리를 더 상세히 고지할 것을 약속한 자동차 생산 업체이다.

2) In cases when the vehicle is (　　　　) faulty, and its problems simply cannot be repaired, customers may be (　　　　) seek a refund or replacement vehicle.

만약 자동차에 **고유의** 결함이 있거나 그 문제가 간단히 수리될 것이 아닌 경우라면, 소비자들은 환불이나 교환을 요구할 **권리가 있다**.

3) When you're taking back the vehicle four or five times, and the problem is not fixed, then I think it's fair to say there's an (　　　　) problem with the vehicle.

만약 당신이 자동차를 네다섯 번 정도 수리를 하고서도 문제가 고쳐지지 않을 경우, 차에 어떤 **내재된** 결함이 있다고 보는 것이 맞다고 생각한다.

4) The car manufacturer also misrepresented the law by saying "any remedy was a (　　　　)."

이 자동차 회사는 이를테면 "특정 배상을 **고객에 대한 호의로** 해 준 것."이라는 식의 잘못된 법 해석을 바탕으로 한 허위사실을 오남용해 왔다.

5) The consumer watchdog alleged that Ford misled and (   ) customers in regards to 70,000 vehicles fitted with a faulty dual-clutch automatic gearbox.

소비자 감시인단은 포드사가 결함이 있는 듀얼 클러치 기어박스가 장착된 약 70,000대의 차량들에 관해 고객들을 **속이고** 오도했다고 전했다.

Government spends $13,000 on YouTube videos promoting businesses in South Korea

호주 외교부가 한국의 일부 상점들을 홍보하기 위한 유튜브 방송에 13,000달러를 쓰다

Reporter: political reporter, Dan Conifer/8 Jan 2019

---

1. 기사 해설

ABC 정치부 기자인 Dan Conifer가 쓴 기사이다. 호주 외교부가 한국 내에 있는 호주 관련 물품을 파는 상점들을 홍보하기 위해 유명 유튜버를 활용하였으나 야당(호주 노동당) 국회의원으로부터 호주에 도움이 하나도 안 되는 쓸데없는 데 예산을 쓴 것이 아니냐는 비판을 받았다는 내용이다. 특유의 영어식 글 전개 방식이 한국어식 글쓰기 법과는 아주 달라서 다소 생소하게 다가올 수도 있다.

2. 기사 본문

Australian <u>taxpayers</u> were <u>slugged</u> thousands of dollars for YouTube videos promoting businesses in South Korea in what has been described as a "crazy" waste of money.

In the latest curious example of the Government's use of social media influencers, the clips **<u>highlight</u>** cafes in the capital Seoul that serve Australian-style food, along with a surf shop in the country's south. In one video, a fish burger is passed off as **<u>traditional</u>** Australian food, while a flat white is sold to customers as a 'Cafe London'.

NOTE flat white는 뉴질랜드와 호주에서 가장 즐겨 먹는 커피 음료 중 하나이다.

In the other post, YouTube star HojuSara said she did not know why she was asked to go surfing with the Australian **Ambassador**, who was also not a surfer. "First time surfing would you believe." Ambassador James Choi said in the video, while HojuSara said she had surfed "maybe once or twice when I was young." The successful YouTuber also visited a surf store run by a man who lived in Australia for eight years.

"When you watch them, it's pointless." Labor MP Matt Keogh said. "It doesn't seem to promote anything that would help the Australian economy."

Australia's Department of Foreign Affairs and Trade(DFAT) spent $13,242 for the YouTube videos, which combined have **attracted** about 80,000 views. A DFAT official said the campaign promoted "an image of Australia that is **multicultural**, modern and **entrepreneurial** as well as an attractive study destination."

The clips were uploaded weeks before a Government-wide ban was **slapped on** the use of social influencers in August. In July, it **emerged** the Health Department had used an influencer who also promoted alcohol brands, along with another Instagrammer who had previously made **homophobic slurs**.

Which Australian favourites are on the menu?

Cafe operator Kim Minsung, dressed in a blue shirt featuring an Australian flag and the word 'AUSTRALIA' across the front, makes Australian-Korean fusion cuisine. His fish burger with jalapenos and cheddar cheese "tastes exactly like what you would get in Australia." HojuSara said. "I love fish burgers so much," she said. "I never thought I would be able to get an Australian burger like this in Korea." Another cafe served smashed avocado, vegemite, pavlova and lamingtons.

HojuSara is the online name of Australian woman Sara Holmes, formerly of Brisbane, who has about 150,000 **subscribers** on YouTube and also has strong following on Instagram.

DFAT said Australia's embassy had **initiated** the campaign. The ABC understands diplomats worked on the content and **narrative** for each video with Ms Holmes before they were made. All the business operators interviewed in the clips have lived in Australia. The embassy wanted to highlight graduates of Australian education institution, and three of the business operators previously studied in Sydney.

South Korea is Australia's fourth largest trading partner and the Abbott government signed a free trade agreement with the nation in 2014.

3. 한글 번역

호주의 납세자들은 한국의 상점들을 홍보하기 위한 유튜브 방송에 수천 달러를 강탈당했고 이것은 '쓸데없는' 돈 낭비라고 비난받고 있다.

가장 최근에 호주 정부가 소셜 미디어 스타를 활용해 돈을 낭비한 말도 안 되는 예로는 한국의 수도인 서울에 자리 잡은 호주 스타일의 음식을 파는 한 카페, 그리고 한국의 남부 지방에 소재한 한 서핑보드샵을 홍보하는 동영상들이다. 그중 한 영상에서는, 피쉬 버거가 호주의 전통 음식이라며 팔리고 있었고, 플랫 화이트가 '카페 런던'이라는 이름으로 손님들에게 팔리고 있었다.

또 다른 영상에서, 유튜브 스타인 호주사라는 서퍼가 아닌 그녀에게 왜 주한 호주 대사와 서핑을 함께 하자는 제안을 받았는지 모르겠다고 말했다. 영상에서 제임스 최 대사는 "믿을진 모르겠지만 처음 서핑을 하는 거야."라고 말했고 이에 호주사라도 "어릴 때 한두 번 정도 서핑을 해 본 게 전부."라고 답했다. 유명한 유튜버인 그녀는 호주에서 8년 정도 살았던 한 남성이 운영하는 서핑보드샵을 방문하기도 했다.

호주 노동당(야당) 국회의원인 Matt Keogh는 "이 영상들이 무의미하다." 라고 평가했다. "호주의 경제에 도움이 될 만한 그 어떤 것도 홍보되고 있는 것 같지 않다."

호주 외교 통상부는 다 합쳐서 약 8만 뷰 정도를 기록한 해당 유튜브 영상들을 위해 총 13,242달러를 지출했다. 호주 외교부 관계자는 "호주의 다문화적이고 현대적이며 기업가적인 이미지와 함께 호주가 유학을 하러 갈 만한 매력적인 나라임을 홍보하기 위한 캠페인이었다."라고 설명했다.

영상들은 지난 8월 SNS 스타들을 활용하는 것에 대한 정부 차원의 금지령이 내려지기 몇 주 전에 업로드되었다. 그것(금지령)은 지난 7월, 보건부가 주류 브랜드 홍보를 한 SNS 스타와 동성애 혐오적 발언을 한 또 다른 인스타 사용자를 활용한 뒤에 나온 조치였다.

어떤 호주 음식이 메뉴에 있을까?

카페 운영자인 김민성 씨는 호주 국기가 그려져 있고 앞부분 전체에 'AUSTRALIA' 라는 단어가 새겨진 파란색 셔츠를 입고 호주-한국 퓨전 음식을 만들고 있다. 호주사라는 그의 피쉬 버거는 할라페뇨와 체더치즈가 들어가고 맛은 "호주에서 맛볼 수 있는 것과 완전히 똑같다."라고 평가했다. "나는 한국에서 이 정도 수준의 호주 스타일 버거를 맛볼 수 있으리라고는 생각지도 못했다." 또 다른 한 카페는 스매쉬드 아보카도, 베지마이트 그리고 래밍턴을 팔고 있었다.

호주사라는 브리즈번 출신의 호주인 여성이자 유튜브 15만 구독자를 보유한 Sara

Holmes의 온라인상 닉네임이다. 그녀는 인스타그램에서 많은 팔로워를 보유하고 있기도 하다.

호주 외교부는 호주 대사관이 이 캠페인을 주도했다고 밝혔다. ABC가 파악한 바로는 외교관들도 Holmes 씨와 함께 각각의 영상의 내용과 내레이션 제작에 참여했었다. 영상에서 인터뷰를 한 모든 가게의 운영자들은 호주에서 살았던 적이 있다. 대사관 측은 호주 교육 기관을 졸업한 사람들을 집중 조명하고 싶어 했었고, 3명의 가게 운영자들은 실제로 시드니에서 공부한 적이 있었다.

대한민국은 호주의 네 번째로 큰 교역 파트너이며 2014년 Abbott 정부 당시 자유 무역 협정(FTA)을 체결한 나라이기도 하다.

4. Words&Phrases

1 **taxpayer**: 납세자

2 **slugged**: 세게 맞다, 강타당하다

3 **highlight**: 강조하다, 눈에 띄게 하다, 볼거리, 가장 중요한 점

4 **traditional**: 전통적인

5 **ambassador**: 주재의 대사, 특파, 전권대사(흔히 뒤에 to 국가명을 씀)

6 **attracted**: 끌리다, 매혹되다

7 **multicultural**: 다문화적인, 다문화의

8 **entrepreneurial**: 기업가적인, 기업가로서의

9 **slap on**: (갑자기·부당하게) ～에게 ～(하라는 명령)을 내리다

10 **emerge**: 떠오르다, 나타나다, 출현하다

11 **homophobic slur**: 동성애 혐오적 발언, 비방

12 **subscriber**: 구독자

13 **initiate**: 시작하다, 개시하다, 착수하다

14 **narrative**: 이야기, 담화, 서술

5. 영어로 기사를 써 보자

1) Australian (　　　　　　　) were slugged thousands of dollars for YouTube videos promoting businesses in South Korea in what has been described as a "crazy" waste of money.

호주의 **납세자들은** 한국의 상점들을 홍보하기 위한 유튜브 방송에 수천 달러를 강탈당했고 이것은 '쓸데없는' 돈 낭비라고 비난받고 있다.

2) In one video, a fish burger is passed off as (　　　　　　) Australian food, while a flat white is sold to customers as a 'Cafe London'.

그중 한 영상에서는, 피쉬 버거가 호주의 **전통** 음식이라며 팔리고 있었고, 플랫 화이트가 '카페 런던'이라는 이름으로 손님들에게 팔리고 있었다.

3) A DFAT official said the campaign promoted "an image of Australia that is (　　　　　　), modern and (　　　　　　) as well as an attractive study destination."

호주 외교부 관계자는 "호주의 **다문화적**이고, 현대적이며 **기업가적인** 이미지와 함께 호주가 유학을 하러 갈 만한 매력적인 나라임을 홍보하기 위한 캠페인이었다." 라고 설명했다.

4) DFAT said Australia's embassy had (　　　　　　) the campaign.

호주 외교부는 호주 대사관이 이 캠페인을 **주도/시작**했다고 밝혔다.

5) South Korea is Australia's fourth largest trading partner and the Abbott government signed a (　　　　　　) with the nation in 2014.

대한민국은 호주의 네 번째로 큰 교역 파트너이며 2014년 Abbott 정부 당시 **자유 무역 협정(FTA)**을 체결한 나라이기도 하다.

CHAPTER 2

정치 및 외교

*Politics&
Diplomatic relations*

South Korea launches happy education policy to shorten study hours

공부 시간을 단축하기 위한 일환으로 행복 교육 정책을 펼치고 있는 대한민국 정부

Reporter: Lucy McNally/24 Oct 2014

1. 기사 해설

당시 서울에 파견을 가 있던 Lucy McNally, ABC 기자가 시험 횟수를 제한하는 한국 정부의 정책 등 전반적인 교육 문화에 대해 취재했다. 한국의 교육에 대한 집착은 이미 세계적으로 꽤 많이 알려진 문화이다. 특히 수능 시즌이 되면 경찰 오토바이를 타고 시험장에 가는 학생이나 수능 시험 도중에는 비행기도 뜰 수 없을 정도라는 극성스러움에 관한 내용이 매년 11월이 되면 외신에 종종 실리는 것을 볼 수 있다.

2. 기사 본문

What does the average 12-year-old Australian child do after school finishes at 3pm?

Chances are they'll spend a couple of hours on homework, an hour or so on their chosen sport and a couple of hours playing video games, watching TV or surfing Facebook. It's a very different story in South Korea. Here, students **clock off** at the same time as their Australian **counterparts**, but the school day is far from over. Most students head to a **private institute**, or hagwon, for extra **tutoring**, where they'll study for hours, sometimes until midnight.

"Private tutoring in South Korea is really popular and because of that the gap between high class students and low-class students is really big." explained

Eunkyoung Park, a researcher with the Korean Educational Development Institute.

South Korea takes education very seriously, and the **diligence** and high **work ethic** of its people have seen the nation transform from an **impoverished** country shattered by war to an economic **powerhouse** — the 13th largest economy in the world. But policymakers are worried that intense work ethic translates to an exceedingly harsh pressure on children and teenagers. "The general **consensus** is that students here have a high level of stress." said Ms Park, who has a PhD in education. "They **literally** have no time to play or hang out with their friends."

Enter the "Happy Education" policy, an initiative from South Korea's President

The idea? Stop students from measuring their success only in terms of academic performance, and allow them to **pursue** other areas such as music and the arts.

Mother of one Claire Kang knows all too well the pressure students are facing. She lives just outside Daechi-dong in Gangnam-gu, Seoul. Known as "the **Mecca** of private education", Daechi-dong is an area famous for its high number of hagwons — close to a thousand. "It is a crazy district." Claire Kang said. "Some students in sixth grade are studying high school math already." Parents spend thousands of dollars a month on hagwon fees, ensuring their children go above and beyond what's taught at school, cramming late into the night. Hagwons are supposed to have a 10pm **curfew**, but many break the rules and stay open later. Sometimes the police are called to force them to shut for the night.

Claire wanted her daughter Celine to experience a different kind of schooling, so she sent her to the US for a year when she was 10 years old. "I thought 'I want to make her as free as possible, I want her to enjoy her childhood.'" Ms Kang said. Celine stayed with family friends and attended a Christian school in Indiana. "Before she went to America she was frustrated with her math; all her friends here were so far ahead and it was making her stressed." the interpreter explained. "But when she got to America her teacher said, 'wow you are so advanced!'"

Now 12 and back in Seoul, Celine is working hard, but spends less time with private tutors than her classmates. "She said to me 'mum, if I stayed in America I might have been relaxed and happy but I would have been behind my Korean friends.'" recalls Claire.

Claire Kang welcomes the "Happy Education **policy**, which places a one **semester** ban on exams for 13 year old students." But she's not sure South Korea will ever shake its **obsession** with education. "When I was at school there was a saying: 'If you have only slept four hours you will get into university; if you have slept five you will fail.'"

3. 한글 번역

보통의 열두 살 호주 어린이는 3시에 학교 수업을 마친 뒤에 무엇을 할까?

아마 대부분 두어 시간 정도 숙제를 하거나 한 시간 정도 자신이 좋아하는 운동을 하고 또는 두어 시간 정도 비디오 게임, 아니면 TV를 보거나 Facebook을 하는 등의 경우가 대부분일 것이다. 하지만 한국이란 나라에서는 아주 상황이 다르다. 이곳에서는 학생들이 학교 수업을 마치는 시간은 호주 학생들과 비슷하지만, 하교 후에도 아직 할 것이 많이 남아 있다. 대부분의 학생은 학원이라고 불리는 사설 교육 기관에 가서 몇 시간 정도 더 방과 후 수업을 받는다. 어떤 경우에는 자정까지 학원에 남아 있기도 한다.

한국교육개발원의 박은경 연구원은 "한국에서 사교육은 아주 보편화되어 있고 그로 인해서 상류층의 학생들과 하류층 학생들 간의 차이가 상당히 클 수밖에 없습니다."라고 설명했다.

한국에서는 교육을 아주 중요시한다. 그러한 근면함과 높은 직업 윤리 의식이 전쟁으로 폐허가 되었던 가난한 나라를 현재 세계에서 13번째로 큰 경제 규모를 가진 경제 중심지로 변모시키는 원동력이 되었다. 그러나 정책 입안자들은 이러한 강한 직업 윤리 의식이 아이들이나 청소년들에게 지나친 압박감으로 받아들여지는 것이 아닌지에 대해 걱정을 한다. 교육학 박사인 박 연구원은 "한국의 학생들이 강도 높은 스트레스를 받고 있다는 것은 일반적인 상식입니다."라고 말했다. "그들은 말 그대로 놀거나 친구들과 어울릴 시간이 없어요."

대한민국 대통령의 주도로 도입되는 '행복 교육' 정책

이 정책의 취지는 더이상 학생들이 학업 성취도만으로 그들의 성공을 재지 않고, 음악이나 예술 등 다른 분야도 추구할 수 있도록 장려하자는 것이다.

한 학생의 어머니인 Claire Kang 씨는 학생들이 맞닥뜨리는 압박감을 누구보다 잘 안다. 그녀는 서울 강남구 대치동 외곽에 살고 있다. 대치동은 '사교육의 메카'라고 불리는 곳이며 천 개 정도에 달하는 많은 숫자의 학원들로 잘 알려져 있다. "여기는 정상이 아닌 동네입니다." Claire Kang 씨가 말했다. "어떤 학생들은 초등학교 6학년인데 이미 고등학교 수학을 배우고 있어요." 부모들은 매달 학원비로 수백만 원 이상의 돈을 써가면서까지 자녀들이 밤늦게까지 학원에 남아서 학교에서 배우는 진도를 넘어서고 앞서나가게 하려고 노력한다. 학원은 밤 10시 이후에 운영하는 것이 금지되어 있다. 하지만 많은 곳이 이러한 법을 어기고 더 늦게까지 오픈하고 있다. 어떤 경우에는 경찰이 출동하여 강제로 문을 닫게 하는 경우도 있다.

Claire 씨는 그녀의 딸인 Celine이 다양한 형태의 수업 방식을 경험하는 것을 원했고, 딸이 10살이 되었을 때 미국에 1년 동안 보내기도 했다. 강 씨는 "나는 내 딸이 최대한 자유롭고 그녀의 유년기를 즐기기를 바란다고 생각했어요."라고 말했다. Celine은 인디애나주에 사는 가족의 지인들 집에서 머물렀고 기독교 학교에 다녔다. 통역관을 통해 들은 설명에 따르면 Celine은 미국에 가기 전에는 수학 때문에 좌절을 많이 했다고 한다. 모든 그녀의 친구들이 너무나도 진도를 앞서갔기 때문에 그것이 많은 스트레스를 주었다고 한다. 그러나 그녀가 미국에 갔을 때는 오히려 담당 선생님에게 "너는 엄청나게 앞서있구나."라는 말을 들었다고 한다.

이제 12살이 된 Celine은 서울로 돌아왔고 열심히 공부하고 있다. 그러나 그녀의 반 친구들보다는 사설 학원에서 보내는 시간이 비교적 적다. Claire 씨는 그녀의 딸이 "엄마, 내가 만약 미국에서 지낸다면 좀 더 편하고 행복하기는 했겠지만, 한국에 있는 친구들에 비해서 많이 뒤떨어질 거야."라고 말했던 때를 회상한다.

Claire 씨는 13세 학생들이 한 학기당 칠 수 있는 시험을 제한해 놓은 행복 교육 정책을 환영하는 입장이다. 그러나 그녀는 교육에 집착하는 이러한 한국의 문화가 변화될지에 대해서는 장담하지 못한다. "내가 학창시절에는 '네 시간 잠을 자면 대학에 합격하고 다섯 시간 자면 불합격한다.' 이런 말도 있었어요."

4. Words&Phrases

1 **clock off**: (시간 기록계에 카드를 넣어) 퇴근 시간을 기록하다, 하교하다, 퇴근하다

2 **counterpart**: 서로 보완하는 것, 한쪽, 대응하는 것, 서로 비슷한 위치에 있는 사람

3 **private institute**: 사설 교육기관

4 **tutor**: 과외, 개인지도, 가정교사

5 **diligence**: 근면, 부단한 노력

6 **work ethic**: 노동관, 윤리관으로서의 근면

7 **impoverished**: 가난한, 빈곤한

8 **powerhouse**: 발전소, 강력한 그룹(조직, 나라), 최우수 팀

9 **consensus**: 의견의 일치, 대다수의 의견, 국민적 합의, 여론

10 **literally**: 글자 그대로, 과장 없이, 액면 그대로

11 pursue: 뒤쫓다, 추적하다, 계속 추구하다

12 mecca: 성지, 동경의 장소, 목표의 땅, 신앙 활동의 중심지

13 curfew: 야간 통행 금지, 소등령, 폐문 시간, 귀대 시간, 야간 단속 개시 시간

14 policy: 정책, 방침

15 semester: 학기

16 obsession: 사로잡힘, 강박관념, 집착

5. 영어로 기사를 써 보자

1) The (   ) and high work ethic of its people have seen the nation transform from an (   ) country shattered by war to an (   ).
근면함과 높은 직업 윤리 의식이 전쟁으로 폐허가 되었던 **가난한** 나라를 **경제 중심지**로 변모시키는 원동력이 되었다.

2) The (   ) is that students here have a high level of stress.
한국의 학생들이 강도 높은 스트레스를 받고 있다는 것은 **일반적인 상식/여론**입니다.

3) Hagwons are supposed to have a 10pm (   ).
학원은 밤 10시 이후에 **운영하는 것이 금지**되어 있다.

4) But she's not sure South Korea will ever shake its (   ) with education.
그러나 그녀는 교육에 **집착하는** 이러한 한국의 문화가 변화될지에 대해서는 장담하지 못한다.

Donald Trump to send incoming ambassador to Australia Harry Harris to South Korea instead

Donald Trump 대통령이 주 호주 미국 대사로 내정되어 있던 Harry Harris를 한국으로 보내다

Reporter: North America correspondent, Stephanie March/25 Apr 2018

---

1. 기사 해설

2018년 초, 호주 미국 대사로 내정되어 있던 Harry Harris가 돌연 주한 미 대사로 급파되었던 사안을 다룬다. 한국과 호주의 직접적인 이해관계가 걸린 외교 사건은 비교적 드물기에 선택한 기사이다. 당시 Harry Harris를 급작스레 한국에 대사로 파견한 이유는 물론 급박한 한반도의 상황 때문이었지만 주재국 임명 동의(아그레망)까지 받아놓은 상태에서 대사 내정을 취소하고 다른 나라로 보내는 것은 외교가에서는 무례한 일로 받아들여지는 만큼 미국이 호주에 상당한 결례를 범한 사건이다. 이에 대한 여야 호주 정치인들의 반응에 미묘한 차이가 엿보인다.

2. 기사 본문

The Trump administration plans to <u>overturn</u> its <u>nomination</u> of <u>Admiral</u> Harry Harris as the next United States ambassador to Australia, putting him forward as envoy to South Korea instead.

The surprise move comes as President Donald Trump tries to **beef up** his team in the Korean peninsula, ahead of his proposed historic meeting with North Korean leader Kim Jong-un later this year. US media reported the decision was **triggered** by **incoming** Secretary of State Mike Pompeo. Admiral Harris had been due to appear at a confirmation hearing for the Canberra role this morning, but a spokesman for the US Senate Foreign Relations Committee said it had been **postponed** until May "at the request of the administration."

Foreign Affairs Minister Julie Bishop said acting US Secretary of State John Sullivan told her yesterday that Admiral Harris was being **reassigned** to another diplomatic post. "While we would have welcomed Admiral Harris here as ambassador to Australia, we understand that there are significant challenges for the United States on the Korean peninsula." Ms Bishop said. She said it was not **unusual** and it had happened before, but said the Government looked forward to a new ambassador being nominated as soon as possible.

A US State Department official said the country's relationship with Australia was "steadfast" and that communications were "as good as ever." The official made assurances the US diplomatic mission in Australia was in good hands while the appointment of a new ambassador was **pending**.

An empty chair for more than a year

The post in Australia has been officially **vacant** for more than 18 months. Former Australian ambassador to the US Kim Beazley described it as "not ideal" when the first 12 months passed without a US ambassador in Canberra. At the time, Mr Beazley said technically it did not make a difference that an ambassador was not in place because the embassy was still staffed.

But he noted it was meaningful in the sense that Australia did not have the

substantial American presence that an ambassador would bring. Responding to today's news, Mr Beazley said Australia had no choice but to "suck it up" given the emerging situation on the Korean Peninsula. "The US would want to quite quickly arrive at an alternative ambassador, but it'll hard to beat the Admiral." he said. But he **played down** suggestions the move is an insult to Australia, instead blaming the Trump administration's "inept" and "foolish" handling of its original nominee for the South Korean post, Victor Cha. "He is a genius — there is nobody outside of Korea who knows more about Korea than him." Mr Beazley said.

Labor's defence spokesman Richard Marles said the sooner the Trump administration appointed an ambassador, the better. But he was reluctant to say Australia was being snubbed by the United States, and pointed out the current **Charges d'Affaires** was doing a "fantastic job" holding the fort in the meantime. "Sure, there hasn't been a formal ambassador — but I'd hesitate to say it's vacant." Mr Marles told Sky News. "We're close friends, I don't think anyone is taking offence."

Australia '<u>collateral casualty</u>' in Trump's decision

Andrew Shearer, a former national security adviser to John Howard and Tony Abbott, told the ABC it would be "hard to escape a bit of a sense that Australia is being treated here as a second-class ally." "I think that is regrettable." he said. "Australia really is, if you like, a collateral casualty here to the **shambolic** personnel practices of the Trump administration." Mr Shearer, who now is senior adviser on Asia Pacific Security at the Centre for Strategic and International Studies in Washington, believed there would not be any ramifications from the decision. "I don't think there is anything **sinister** to it. I think it is much more typical of the **ad hoc** moment-to-moment decision making of this particular administration." he said.

Former deputy prime minister Tim Fischer was **less reserved** in his interpretation of the move. "One year is an accident not having a US ambassador, reflecting low priorities for the Australia-US alliance. Nigh on two years will be an insult, and with impact." Mr Fischer said.

"See you in Canberra, Harry!"

Known for his hawkish views on China, Admiral Harris has been commander of the Pacific Command based in Hawaii for the last three years. He was set to retire later this year before accepting the mission to become US ambassador to Australia. Admiral Harris has **extensive** experience and interest in US-Australia relations.

"We're looking forward to sending our newly-nominated ambassador, Admiral Harry Harris, to [Australia] very shortly." Mr Trump said in a press conference with Malcolm Turnbull earlier this year. "He's an **outstanding** man. You're going to find that he is a great man." When the announcement was first made, Mr Turnbull enthusiastically tweeted: "See you in Canberra, Harry!"

3. 한글 번역

Trump 행정부가 Harry Harris 제독을 차기 주 호주 미국 대사로 내정한 결정을 뒤집고 대신 그를 한국에 대사로 보내기로 결정했다.

이 예기치 못한 결정은 Donald Trump 대통령이 북한의 지도자인 김정은과의 역사적인 회담을 앞두고 한반도에 그의 팀을 보강하기 위해서인 것으로 보인다. 미국의 언론은 이 결정은 신임 국무장관인 Mike Pompeo의 의중이 반영된 것이라고 전했다. 원래 예정대로라면 Harris 제독은 오늘 아침에 주 호주 미 대사 인사청문회에 참석할 예정이었으나, 미 상원 국제 관계 위원회의 대변인에 따르면 'Trump 행정부의 요청에 의해' 청문회가 5월로 미뤄지게 된 것이라고 한다.

호주 외교부 장관인 Julie Bishop은 John Sullivan 미국 국무부 장관 대리가 어제 그녀에게 Harris 제독이 다른 외교 직책으로 다시 임명될 것이라 알려 왔다고 밝혔다. Bishop 장관은 "우리는 Harris 제독이 호주에 대사로 왔다면 환영했을 것이지만, 다른 한편으로 한반도에 중대한 난제들이 있는 미국의 입장을 이해한다."라고 말했다. 그녀는 또 이러한 조치는 아주 예외적인 일은 아니며 전례가 있는 것이라고 말하면서도 호주 정부는 신임 대사가 최대한 이른 시일 내에 임명되기를 바란다고 밝혔다.

미국 국무부의 한 관계자는 자국과 호주와의 관계는 확고부동하며 양국 간의 소통도 변함없이 좋다고 말했다. 그는 또 주 호주 미국 대사관 측도 신임 대사의 임명이 진행 중일 동안에는 업무에 차질이 없을 것이라고 확신했다.

공석이 된 지 일 년 이상 지나다

주 호주 미 대사 자리는 공식적으로 18개월이 넘도록 공석인 상황이다. 일전에 전 주미 호주 대사였던 Kim Beazley는 "12개월이라는 시간이 지나도록 캔버라의 미국 대사 자리가 공석인 것은 결코 이상적인 상황은 아니다."라고 평한 바 있다. 당시에 Beazley 전 대사는 "그러나 엄밀히 말하면 대사관 업무를 하는 직원들이 있으므로 대사의 부재가 미치는 영향은 크지는 않을 것이다."라고 말했다.

그러나 그는 또 이 일이 호주에 많은 미국인이 사는 것이 아니라서 대사의 존재가 미칠 영향이 적다는 의미심장한 측면도 있다는 것을 주목했다. Beazley 전 대사는 today's news 측의 질문에 떠오르는 한반도의 상황에 비추어 보면 호주는 받아들이는 것 이외에 선택의 여지가 없다고 답했다. 그는 또한 "미국은 아주 이른 시일 내에 다른 대사를 임명해야 할 것이나, 어찌 됐든 Harris 제독보다 나은 인물을 찾기는 힘들 것이다."라고 밝혔다. 그러나 그는 이번 일이 미국이 호주를 무시하는 태도라는 일각의 주장에 대해서는 일축했다. 대신 애초에 주한 미 대사로 내정되어 있던 빅터 차가 낙마한 것을 보면 Trump 행정부가 서툴고 어리석은 것 같다고 비난했다. "그(빅터 차)는 천재이다. 한국 바깥에서 그만큼 한국을 잘 아는 사람은 없다." Beazley 전 대사는 말했다.

노동당(야당) 측 국방부 대변인인 Richard Marles는 Trump 행정부가 빨리 대사를 내정하면 할 수록 더 좋다고 밝혔다. 그리고 그는 현재의 임시 대리 대사가 훌륭하게 임무를 수행하며 요새(대사관)를 잘 지키고 있다고 말한 반면, 이 조치가 미국이 호주를 무시한 것인지에 대한 부분은 답변을 회피했다. Marles 대변인은 Sky News와의 인터뷰에서 "물론 공식적인 대사는 없지만, 이것을 군이 공석이라고 지칭하고 싶지는 않다."라고 말하며 "우리(호주와 미국)는 가까운 친구이다. 나는 그 누구도 이를 모욕적인 조치로 받아들이지는 않으리라 생각한다."라고 덧붙였다.

Trump의 결정에 의한 호주의 '손해'

John Howard와 Tony Abbott 전 총리 시절에 행정부의 국가 안보 보좌관이었던 Andrew Shearer 씨는 ABC와의 인터뷰에서 "호주가 이류의 동맹국으로 대우받은 부분에 대해서는 일정 부분 피할 수 없는 사실이다."라고 밝혔다. 그는 "나는 개인적으로 유감을 표명한다."라면서 "호주는 Trump 행정부의 혼란스러운 관행들로 인해 상처를 입은 피해자라고 보면 될 듯하다."라고 덧붙였다. 현재 워싱턴의 국제 전략 연구소에서 아시아 태평양 안보 선임 보좌관을 역임하고 있는 Shearer 전 보좌관은 "이번 조치로 인해 일어나는 악영향은 딱히 없을 것으로 전망하며, 나는 이번 일에 어떤 악의가 담긴 것으로 보지는 않는다. 내가 보기엔 이것은 이(Trump) 행정부의 시시각각 변하는 임기응변식 의사결정의 전형이라고 보인다."라고 말했다.

Tim Fischer 전 부총리가 이 조치를 바라보며 내리는 해석은 조금 더 직설적이다. 그는 "1년 동안 미국 대사가 없는 것은 호·미 동맹의 낮은 중요도를 반영하는 것으로 거의 사고 수준이라고 본다. 만약 시간이 더 지나서 2년에 가까워진다면 그것은 충격을 줄 정도의 모욕이 될 것이다."라고 평가했다.

"캔버라에서 만나, Harry!"

Harris 제독은 중국에 대해 호전적인 견해를 가진 것으로 알려져 있으며 지난 3년간 하와이에 주둔한 태평양 작전사령부 사령관이었다. 그는 호주 대사 직책을 수용하기 전까지만 해도 올해 연말 즈음에 은퇴할 예정이었다. Harris 제독은 미국과 호주 양국 관계에 있어서 폭넓은 경험을 보유하고 있다.

Trump 대통령은 올해 초에 호주 총리인 Malcolm Turnbull과 함께했던 기자 간담회에서 "우리는 새로 임명된 주 호주 미 대사 Harry Harris 제독을 가능한 한 빨리 파견하기를 고대한다."라고 말한 바 있다. "그는 특출난 사람이다. 당신들은 그가 훌륭한 사람이라는 것을 금세 알아차릴 것이다." 이 발표가 처음 나왔을 당시, Turnbull 총리는 열의를 보이며 "캔버라에서 만나, Harry!"라고 트위터에 글을 남기기도 했었다.

4. Words&Phrases

1 overturn: 타도하다, 전복하다, 뒤엎다

2 nomination: 지명, 추천, 임명

3 admiral: 해군 제독

4 beef something up: ~를 보강하다

5 trigger: 방아쇠를 당기다, 행동을 개시하다, 유발하다

6 incoming: 신입의, 후계의, 후임의, 곧 인계받을

7 postponed: 연기된, 미뤄진

8 reassigned: 반환된, 다시 위탁된

9 pending: 기다리는 동안, 기다리는 중, 미정의, 미완의

10 unusual: 보통이 아닌, 유별난

11 vacant: 빈, 비어있는, 공석인

12 substantial: 본질적인, 중요한, 양이 상당한, 충분한

13 play something down: ~를 폄하하다, 깔보다

14 charges d'Affaires: 프랑스어/ 임시 대리 대사

15 collateral casualty: 의도하지 않게 발생한 사망, 부상 등의 데미지 혹은 사상자, 사망자 따위를 의미

16 shambolic: 혼란한, 몹시 난잡한

17 sinister: 불길한, 불운한

18 ad hoc: 임시의, 임시변통의, 특별히, 특례로 하여

19 alliance: 결연, 동맹

20 uninterrupt: 간단없는, 끊임없는, 연속적인

21 less reserved: 조심스러움이 덜한, 주저함이 덜한, 직설적인

22 extensive: 광대한, 광범위한

<u>23</u> **outstanding**: 두드러진, 뛰어난(다른 뜻: 미해결의, 미결정의, 미결제의)

5. 영어로 기사를 써 보자

1) The Trump administration plans to (   ) its (   ) of Admiral
   Harry Harris as the next United States ambassador to Australia.
   Trump 행정부가 Harry Harris 제독을 차기 주 호주 미국 대사로 **내정**한 결정을
   뒤집고 대신 그를 한국에 대사로 보내기로 결정했다.

2) Foreign Affairs Minister Julie Bishop said acting US Secretary of State John
   Sullivan told her yesterday that Admiral Harris was being (   ) to
   another diplomatic post.
   호주 외교부 장관인 Julie Bishop은 John Sullivan 미국 국무부 장관 대리가 어제 그
   녀에게 Harris 제독이 다른 외교 직책으로 **다시 임명**될 것이라 알려 왔다고 밝혔다.

3) The official made assurances the US diplomatic mission in Australia was in
   good hands while the appointment of a new ambassador was (   ).
   미국 국무부의 한 관계자는 자국의 호주와의 관계는 확고부동하며 양국 간의 소
   통도 변함없이 좋다고 말했다. 그는 또 주 호주 미국 대사관 측도 신임 대사의 임
   명이 진행 **중일 동안**에는 업무에 차질이 없을 것이라고 확신했다.

4) The post in Australia has been officially (   ) for more than 18
   months.
   주 호주 미 대사 지위는 공식적으로 18개월이 넘도록 **공석인** 상황이다.

5) I don't think there is anything (   ) to it. I think it is much more
   typical of the (   ) moment-to-moment decision making of this
   particular administration.
   나는 이번 일에 어떤 **악의가** 담긴 것으로 보지는 않는다. 내가 보기엔 이것은 이 행
   정부의 시시각각 변하는 **임기응변식** 의사결정의 전형이라고 보인다.

South Korea struggling to pass Australia free trade bills before G20

G20 정상회담 이전에 호주와의 자유 무역 협정(FTA) 법안 통과를 하려는
한국이 난항을 겪고 있다

Reporter: AM business editor, Peter Ryan/23 Oct 2014

1. 기사 해설

세월호 사건의 여파로 대한민국 국회가 피 튀기는 논쟁에 휘말려 있던 당시 수많은 법안이 오랫동안 통과되지 못하고 정체되어 있던 시기가 있었다. 한국과 호주의 FTA 체결 관련 법안은 당시 90개가 넘는 계류 중인 안건 중 하나였었고 그것을 빨리 추진하기 위해 노력했던 양국 외교관들의 이야기를 전달하고 있다. 기사를 쓴 Peter Ryan 씨는 Australia Korea Foundation의 후원을 받아서 한국·호주 간 교환 기자 협약을 통해 한국에 파견된 ABC 기자이다.

2. 기사 본문

South Korea has <u>reaffirmed</u> that next month's meeting of G20 leaders in Brisbane is a critical opportunity to finalise its free trade agreement with Australia.

One of South Korea's top trade officials has nominated the G20 <u>summit</u> as a "psychological and physical" deadline for the nation's <u>legislators</u> to approve the Korea-Australia Free Trade Agreement(KAFTA) domestically. Suh Jeong-in, director-general of the Foreign Ministry's Bureau of South Asian and Pacific Affairs, said pressure was building in both South Korea and Australia for the FTA to be ratified. "We would like to <u>ratify</u> the FTA with Australia before the end of this year." Mr Suh told Australian reporters at a briefing in Seoul.

"With the G20, this will be an occasion to <u>finalise</u> everything."

Approval of the KAFTA has been delayed in South Korea's **<u>National Assembly</u>**, which has been **<u>distracted</u>** by the complex and highly emotional investigation into the Sewol ferry disaster earlier this year. More than 300 of the 476 people on board died — many of them children. The complex investigation is **<u>dominating</u>** political debate, and the KAFTA is among more than 90 bills waiting for National Assembly debate and approval. The clock is ticking on the National Assembly's approval and it appears likely that politicians might not meet the deadline for the FTA to take effect this year.

Australia's ambassador in Seoul, Bill Patterson, is working to **<u>lift the priority</u>** of the FTA, but he admitted the battle is all **<u>uphill</u>** given the profile of the Sewol disaster investigation. "We are hopeful it(the FTA) will go through some time in the next few weeks." "We've done everything we can, but it's a **<u>strong-willed</u>** legislature."

The financial and economic **<u>stakes</u>** are high for both Australia and South Korea. Once the FTA is ratified, 85 percent of Australian exports to South Korea and 90 percent of South Korean exports to Australia will have no **<u>tariff</u>**.

Suh Jeong-in also **<u>signalled</u>** that the threat of Ebola would be a major issue at the G20 summit. He **<u>diplomatically</u>** defended Tony Abbott's intention not to have climate change featured as an issue for G20 leaders to discuss in Brisbane. "Agenda setting is the chairman's **<u>prerogative</u>**." Mr Suh said in relation to Australia's current presidency of the G20.

"When you host a G20 meeting or any other meeting, the chairman's voice is the **<u>loudest</u>**."

3. 한글 번역

한국 정부가 다음 달에 호주 브리즈번에서 열릴 G20 정상회담이 호주와의 FTA 체결 건을 마무리 지을 중요한 기회라는 것을 재확인했다.

한국 무역 대표단의 고위급 인사 중 한 명은 이번 G20 정상회담을 한국의 국회의원들이 한·호 자유 무역 협정 법안을 대내적으로 승인해야만 할 '정신적 그리고 육체적'인 최종 기한이 될 것이라고 명명했다. 한국 외교부의 남아시아 태평양국 서정인 국장은 한국과 호주 양국 모두 FTA 비준을 위해서 많은 압박을 받는 상황이라고 말했다. 서 국장은 서울에서 열린 호주 언론인들과의 간담회에서 "우리는 호주와의 FTA 법안을 올해 연말 이전에 비준하고 싶다."라고 밝혔다.

"마침 G20 정상회담이 열리니, 이 기회를 통해 모든 것이 마무리되는 좋은 계기가 될 것이라고 본다."

대한민국 국회에서 한·호 자유 무역 협정 법안 승인 건은 올해 초에 있었던 세월호 참사와 관련된 복잡하면서도 많은 감정이 뒤섞인 여러 조사로 인해 계속 지연되어 왔다. 476명의 승객 중에서 300명이 넘는 사람이 사망했다. 그 중 상당수가 어린 학생들이었다. 복잡한 조사 과정에 대한 논쟁이 정치판을 장악했고 한·호 자유 무역 협정 건은 현재 국회에서 검토 중인 90개가 넘는 법안 중의 하나일 뿐이다. 국회의 승인을 기다리는 와중에도 시곗바늘은 계속 돌아간다. 그리고 현재 상황에 비추어 보면 정치인들이 금년 안에 FTA 발효라는 기한을 맞추는 것은 거의 불가능해 보인다.

Bill Patterson 주한 호주 대사는 FTA 안건의 우선권을 상향 조정하기 위해 노력 중이다. 그러나 그는 세월호 사건의 조사가 워낙 크고 중요한 사항이라 갈 길이 멀기만 하다는 것을 시인한다. "우리는 FTA가 향후 몇 주 내로 승인되기를 바란다. 우리가 할 수 있는 모든 것을 다했다. 하지만 한국의 입법부가 워낙 완강한 입장이다."

금융이나 경제적인 측면에서 호주와 한국은 양국 모두 큰 이해관계를 서로 가지고 있다. FTA가 비준되면, 85%의 호주의 대한국 수출 그리고 90%에 달하는 한국의 대

호주 수출에 대해서 관세 부과가 없어질 전망이다.

서 국장은 이번 G20 정상회담에서 에볼라 바이러스의 위협이 중요한 안건이 될 것이라고 귀띔했다. 그는 또 Tony Abbott(당시 호주 수상) 총리가 브리즈번에서 열리는 이번 G20 정상회담에서 기후변화 문제를 다루지 않으려고 하는 의중을 보인 부분에 대해서는 외교적으로 방어했다(외교적으로 논란이 될 만한 소지가 있는 질문에 대해서는 직설적인 답변을 회피했다). 서 국장은 현재 G20 의장국은 호주이므로 "어젠다 설정은 의장의 특권이다."라고 돌려 말했다.

"G20 정상회담이나 다른 회담을 개최할 때 의장의 목소리에 가장 힘이 실립니다."

4. Words&Phrases

1 **reaffirm**: 단언하다, 재확인하다

2 **summit**: 정상, 정상회담, 수뇌회담

3 **legislator**: 입법자, 법률 제정자

4 **ratify**: 비준하다, 승인하다

5 **finalise**: 결말을 짓다, 마무리하다

6 **National Assembly**: 국회의사당

7 **distracted**: 마음이 산란해진, 주의가 산만한

8 **dominating**: 지배적인, 영향력이 강한

9 **lift the priority**: 우선권을 높이다

10 **uphill**: 비탈길을 올라, 오르막의, 고된 여정, 힘든 여정

11 **strong-willed**: 의지가 강한

12 **stakes**: 내기에 건 돈, 이해관계

13 **tariff**: 관세, 운임표, 세율

14 **signal**: 신호, 시그널, ~하라는 신호, 징후, 조짐

15 **diplomatically**: 외교적으로

16 **prerogative**: 특전, 특권, 특사권

17 **loudest**: 가장 큰 소리

5. 영어로 기사를 써 보자

1) South Korea has (   ) that next month's meeting of G20 leaders in Brisbane is a critical opportunity to finalise its free trade agreement with Australia.
   한국 정부가 다음 달에 호주 브리즈번에서 열릴 G20 정상회담이 호주와의 FTA 체결 건을 마무리 지을 중요한 기회라는 것을 **재확인**했다.

2) We would like to (   ) the FTA with Australia before the end of this year, Mr Suh told Australian reporters at a briefing in Seoul.
   서 국장은 서울에서 열린 호주 언론인들과의 간담회에서 "우리는 호주와의 FTA 법안을 올해 연말 이전에 **비준하고** 싶다."라고 밝혔다.

3) The complex investigation is (   ) political debate.
   복잡한 조사 과정에 대한 논쟁이 정치판을 **장악했다**.

4) Australia's ambassador in Seoul, Bill Patterson, is working to (   ) of the FTA.
   Bill Patterson 주한 호주 대사는 FTA 안건의 **우선권을 상향 조정하기** 위해 노력 중이다.

5) When you (   ) a G20 meeting or any other meeting, the chairman's voice is the loudest.
   G20 정상회담이나 다른 회담을 **개최**할 때 의장의 목소리에 가장 힘이 실린다.

Ban Ki-moon discusses North Korea, Donald Trump and the United Nations failings

반기문 전 유엔 사무총장, 북한과 Donald Trump 대통령 그리고 유엔의 실패에 대해서 말하다

Broadcasting/The World/25 Mar 2018

---

1. 기사 해설

반기문 전 유엔 사무총장이 ABC 프로그램 중 하나인 〈The World〉에 출연하여 남북문제와 국제적인 현안 그리고 유엔의 역할에 어떠한 한계가 있는지를 다룬 방송 인터뷰 내용을 바탕으로 쓴 기사이다. 이날 반 전 총장은 현재와 같이 유엔 안보리(안전보장이사회)가 각 국가와 이념 노선에 따라 심각할 정도로 나누어져 있는 상태에서는 유엔이 제대로 역할을 할 수가 없다는 한계를 솔직히 털어놓기도 했다.

2. 기사 본문

The looming high-stakes meeting between US President Donald Trump and North Korea's leader Kim Jong-un "will be a huge event, shaking the whole political security dynamics of North-East Asia, not to mention the Korean Peninsula.", former UN **secretary-general** Ban Kimoon has told the ABC.

"I am **cautiously optimistic**, of course the devil is in the details, so we will have to see, considering that it has been North Korea who has always been **abrogating** all the agreements and having been the worst known breaker in the world so far." he said. "We have to be very careful and have a very cool head while the hearts are warm and excited." The former United Nations chief — who is also the former foreign minister for South Korea and was a leading presidential **candidate** before Moon Jae-in became President — currently holds the chair of the International Olympics Commission's ethics commission, which **oversaw** North Korea's historic attendance at the Winter Olympics last month.

Interestingly, both Mr Moon and Mr Ban have personal ties to the **prospect** of **reunification**: Mr Moon's parents were **refugees** from what is North Korea today, while Mr Ban's own family suffered greatly during the Korean War, an experience that once **prompted** the former UN boss to **declare** "reunification is a must."

Speaking to the ABC's The World program, Mr Ban weighed in on Mr Trump's **controversial** diplomacy, the challenges ahead with Mr Kim, while also **reflecting** on the ups and downs of his time as head of the United Nations.

Donald Trump's 'fire and fury' rhetoric

"There are some different interpretations and **assessments** of President Donald Trump's diplomatic style and his **rhetoric**. I've been trying to interpret it in a more positive way than in dealing with the **regime**, like North Korea, who has been abrogating all the previous agreements, they have also been threatening the whole world including the United States, that they would strike the heart of US with nuclear weapons. Then in such a case, you may need also some **counterbalancing** of these kind of **unjustified** and unacceptable threats. So in that regard, we should try to read the underlying messages of President Trump. I don't believe that he was meaning to engage in any military strategy but the strong messages which he has been sending out was to **deter** and **discourage** and stop North Korea from making any **provocative** measures. In that regard, I think his messages seems to have been heard by North Korea."

Reconciliation through the Winter Olympics

"I'm a strong believer in the power of sports in promoting **reconciliation** and peaceful **co-existence** among states. [Sport] has genuine dynamic power, mobilising instantly the **sentiment**, encouragement and excitement. There is no ideology or no **ethnicities** or whatever. The **composition** of a joint women's hockey team as well as some marching together under the one Korean flag, that was most applauded, most moving scene that we have ever seen. This is the power of sports. Then one [of the] most encouraging things which happened is that they were able to make a small room for **dialogue** between South and North. Of course, President Moon Jae-in of Korea has taken bold **initiative** of accepting the invitation by North Korean leader. This is what we're now witnessing."

The effectiveness of the United Nations

"Many people have expressed concerns about the **effectiveness** of the United Nations, whether it has been doing proper role in addressing [global issues]. But it's simply because of **divisiveness** among the member states, particularly when the Security Council is seriously divided according to their own national or ideological lines, then there is no way for the United Nations to function properly. This is very sad, and that is why there has been a continuing call among member states that the Security Council should be reformed in a much more representative, democratic and **transparent** manner."

3. 한글 번역

반기문 유엔 전 사무총장은 곧 다가올 미국의 Donald Trump 대통령과 북한의 지도자 김정은 간의 각자의 명운이 걸린 중대한 회의는 "한반도뿐만이 아닌 동북아 지역의 정치 안보 역학 관계를 뒤흔들 만큼 큰 이벤트

가 될 것이다."라고 ABC와의 인터뷰에서 밝혔다.

반 전 총장은 "나는 조심스럽게 낙관적이다."라고 말하며 "세부적인 부분들에서 난관이 분명히 있을 것이고 항상 모든 협정을 파기해 왔을 뿐만 아니라 국제사회에서 규칙을 위반하는 것으로 악명이 높은 북한이기에 더 지켜봐야 한다."라고 덧붙였다. 반 전 유엔 사무총장은 "우리는 마음이 따뜻해지고 흥분이 되는 이때 더욱 조심해야 하고 또 냉정해야 한다."라고 강조했다. 그는 전 대한민국 외교부 장관이자 문재인 대통령이 당선되기 전의 대통령 후보이기도 하였으며 현재는 국제 올림픽 위원회(IOC) 윤리위원장을 맡고 있어 지난달에 개최되었던 한국의 동계 올림픽에서 역사적인 북한 측의 참가를 감독했던 인물이다.

흥미로운 점은 문 대통령과 반 전 사무총장 둘 다 통일의 전망에 관해서 만큼은 개인적인 연결고리가 있는 분들이라는 점이다. 문 대통령의 부모님은 북한에서 난민 신분으로 월남했고, 반 전 총장의 가족도 한국 전쟁 당시 큰 고통을 겪었기에 그 경험들이 그가 "통일은 무조건 해야만 한다."라고 선언한 배경이 되었다.

반 전 사무총장은 이번 ABC의 ⟨The World⟩ 방송에서 논란이 되는 Trump 대통령의 외교 행보, 김정은의 당면 과제를 평가하며, 동시에 그가 유엔의 수장으로 근무하던 당시의 희로애락을 회상했다.

Donald Trump의 과격한 수사 '화염과 분노'

"Donald Trump 대통령의 외교 방식과 그의 화법에 대해서는 여러 가지 다른 해석과 평가가 있다. 나는 되도록 이 발언들을 긍정적으로 해석하려는 편이다. 북한은 이전에 있었던 모든 협의/협정을 마음대로 파기해 왔던 것은 물론이고 미국의 심장부를 핵무기로 공격하겠다는 등의 미국과 국제사회에 대한 협박을 일삼아 온 정권이다. 이런 상황 속에서, 여러 가지 부당하고 용인될 수 없는 협박들에 맞서는 일종의 균형추가 필요하다. 또한, 우리는 Trump 대통령의 숨은 메시지를 파악하기 위해 노력해야 한다. 나는 Trump 대통령이 그동안 보내 왔던 강력한 메시지는 군사 작전을 개시하겠다는 의도가 아니라 북한의 도발을 억제하고 단념시키기 위한 것이라고 해석하고 이런 측면에서 볼 때 그의 메시지가 북한에 어느 정도 전달된 것으로 생각한다."

동계 올림픽을 통한 화해 무드

"나는 국가 간의 화해를 촉진하고 평화로운 공존을 도모하는 데 있어서 스포츠의 힘을 믿는다. 스포츠에는 진정한 역동적인 힘, 순간적으로 감정을 모으는 힘 그리고 격려와 환희가 있다. 어떠한 이데올로기도, 인종도 없다. 여자 아이스하키 남북 단일 팀 구성이나 가장 박수를 많이 받았던 한반도기를 든 남북의 개회식 공동 입장은 우리가 본 가장 감동적인 장면이었다. 이것이 바로 스포츠의 힘이다. 그리고 (올림픽 기간에) 일어났던 가장 고무적인 일 중의 하나가 남북 간의 작은 대화의 장이 마련되었다는 것이다. 물론 한국의 문재인 대통령이 북한의 지도자가 보내 온 제안을 과감하게 수용하는 결단을 내린 것이며 이것을 우리가 현재 목격하는 것이다."

유엔의 실효성

"많은 사람이 국제 연합(UN)이 다양한 국제 이슈들에 관해서 적절하게 대처해 왔는지 그 실효성에 대해서 걱정스러운 마음을 토로한다. 그러나 이것은 단순히 회원국들 간의 편 가르기에서 기인한다. 특히나 안보리(안전보장이사회)가 각 국가와 이념 노선에 따라 심각할 정도로 나누어져 있는 지금과 같은 상태에서는 유엔이 제대로 역할을 할 수가 없다. 이것은 참 슬픈 현실이다. 그리고 그것이 바로 안보리가 좀 더 대표적이고 민주적이며 더 투명한 방향으로 개선되어야 한다는 회원국들의 요청이 계속되는 이유이다."

4. Words&Phrases

1 **secretary-general**: 사무총장

2 **cautiously optimistic**: 조심스러운 낙관

3 **abrogating**: (법령, 관습) 폐지하다 철폐하다, 그만두다

4 **candidate**: 입후보자

5 **oversaw**: oversee의 과거형 / 감독하다, 감시하다

6 **prospect**: 가망, 전망, 예상

7 **reunification**: 재통합, 통일

8 **refugee**: 피난자, 난민

9 **prompt**: 자극하다, 일으키다, 유발하다(다른 뜻: 즉각적인)

10 **declare**: 선언하다, 단언하다

11 **controversial**: 물의를 일으키는, 논쟁상의, 쟁점이 되는

12 **reflect**: 반사하다, 반영하다, 심사숙고하다

13 **assessment**: 사정, 평가

14 **rhetoric**: 작문의 수사법, 수사, 미사여구(Policitian's empty rhetoric: 정치인의 공허한 미사여구)

15 **regime**: 정권, 사회제도, 체제

16 **counter-balancing**: 평형추, 균형을 잡다

17 **unjustified**: 정당하지 않은, 근거가 없는

18 **deter**: 단념시키다, 막다, 방지하다

19 **discourage**: 낙담시키다, 용기를 잃게 하다, 훼방 놓다

20 **provocative**: 도발적인, 자극적인, 남을 약 올리는

21 **reconciliation**: 화해, 중재, 조정, 조화

22 **co-existence**: 공존

23 **sentiment**: 감정, 감상, 의견, 소감(public sentiment: 여론)

24 **ethnicity**: 민족성

25 **composition**: 구성, 구조, 작곡

26 **dialogue**: 대화, 대화하다

27 **initiative**: 새로운 기획, 시작의, 창시, 진취성

28 **effectiveness**: 유효성

29 **divisiveness**: 구분, 구별, 불화를 조장하다

30 **transparent**: 투명한

5. 영어로 기사를 써 보자

1) I am (   ).

   나는 **조심스럽게 낙관적이다**.

2) Speaking to the ABC's The World program, Mr Ban weighed in on Mr Trump's (　　　　) diplomacy.

반 전 사무총장은 이번 ABC의 〈The World〉 방송에서 **논란이 되는** Trump 대통령의 외교 행보를 평가했다.

3) You may need also some (　　　　) of these kind of (　　　　) and unacceptable threats.

여러 가지 **부당하고** 용인될 수 없는 협박들에 맞서는 일종의 **균형추가** 필요하다.

4) I'm a strong believer in the power of sports in promoting (　　　　) and peaceful (　　　　) among states.

나는 국가 간의 **화해를** 촉진하고 평화로운 **공존을** 도모하는 데 있어서 스포츠의 힘을 믿는다.

5) But it's simply because of (　　　　) among the member states.

그러나 이것은 단순히 회원국들 간의 **편 가르기/분열**에서 기인한다.

Why China is thrilled about South Korean leader Park Geun-hye's downfall

박근혜 대통령의 몰락에 환호하는 중국의 속내

ANALYSIS/China correspondent, Bill Birtles/18 Apr 2017

1. 기사 해설

ABC 중국 특파원인 Bill Birtles 기자가 쓴 논평이다. 박근혜 대통령 탄핵 당시 한국에서 일어나는 일을 지켜보며 중국 지도부가 어떠한 계산법으로 한반도 상황을 바라볼지 그 속내를 짐작해 보는 글이다. 당시 박 전 대통령의 탄핵 사유는 국내적인 문제들이 주인 데 반해서, 중국은 주요 방송을 통해 탄핵 사건과 한국이 사드 미사일 방어 체계를 도입하는 것을 허용하기로 결정한 것과 결부 지어 일방적인 해석을 하는 경향이 일반적이었다.

2. 기사 본문

Beijing's officials won't say it, but they're thrilled to see the impeachment of South Korea's president Park Geun-hye.

The night before the **Constitutional** Court's ruling, the state broadcaster **devoted** close to an hour of **rolling news** coverage to protests in Seoul against Ms Park. It's become a common theme through China's state **outlets** — interviews with demonstrators in Seoul, backed up by Chinese analysts, presenting viewers a one-sided narrative about Ms Park's signature foreign policy, a US missile defence system.

While the reasons for her **impeachment** were domestic — a massive **corrup-**

tion and **influence-peddling** scandal — China's interest centres around her decision to allow the United States to deploy the Terminal High Altitude Area Defence(THAAD) missile shield. Ms Park's government wanted to install the radar and missile batteries to protect against potential strikes from an increasingly **erratic** North Korea.

Pyongyang's regime has been **defying** United Nations sanctions by carrying out a series of **ballistic missile** and nuclear tests. China is North Korea's primary economic and diplomatic ally, and despite suspending North Korean coal imports and **condemning** the latest missile tests, Beijing seems unable or unwilling to do more to **rein** its smaller neighbour in. But China has all along seen an **ulterior** motive to South Korea's response, claiming the powerful radar that THAAD uses to detect missiles would **penetrate** parts of China's northeast, allowing the US to spy on Chinese missile tests, and **undermine** Beijing's nuclear **deterrent**.

As far as Chinese leaders are concerned, the **deployment** of major American military hardware so close to China is further proof that the US is **hell-bent** on encircling and **containing** the country's rise. So, aside from a substantial diplomatic and propaganda effort, Chinese authorities have more recently started **retaliating** economically.

Thirty-nine retail stores for Lotte — the South Korean company that has granted land for THAAD — have been shut for failing local inspections, while a major Lotte resort project in the north-eastern city of Shenyang has also been suspended. Flights and cruise ship visits for Chinese tourists to South Korea have also been **halted**, in **unofficial** moves that China's central Government won't publicly admit are directly linked to THAAD.

Now, Beijing's campaign is bearing fruit

The **deteriorating** relationship between Seoul and Beijing has become a talking point for South Korea's Opposition lawmakers. The Opposition figure best positioned to run and win the snap elections prompted by Ms Park's impeachment, Moon Jae-in, wants to suspend the deployment of THAAD so as to subject it to parliamentary **scrutiny**. Continuing pressure from China could help swing popular sentiment and the next administration firmly against the missile shield deployment. And if so, Beijing may get the backdown from Seoul it desires, and could add it to a growing list of US diplomatic **setbacks** in the region, including the Philippines' shift towards China and the **self-induced** scrapping of the US-led Trans Pacific Partnership trade pact.

3. 한글 번역

한국의 박근혜 대통령 탄핵 사건과 관련하여 베이징의 관료들은 직접적으로 드러내놓고 말하지는 않지만 내심 기뻐하고 있는 눈치다.

대법원의 판결이 나기 하루 전날 밤, (중국) 국영 방송은 한 시간에 가까운 시간을 할애하여 서울에서 일어나고 있는 박 전 대통령에 대한 시위에 관한 보도를 내보냈다. 박 전 대통령의 대표적인 외교 정책인 미국의 미사일 방어 체계와 관련하여 서울에서 시위하는 사람들을 인터뷰하고 그들을 감싸고 도는 중국인 전문가 패널들, 이처럼 한쪽의 입장만 일방적으로 전달하는 모습은 중국 국영 방송에서 보편적인 패턴이 되어버렸다.

그녀의 탄핵 사유는 부패와 국정농단 스캔들 등 국내적인 문제들이 주인 데 반해서 중국은 박 전 대통령이 미국의 사드 미사일 방어 체계를 도입하는 것을 허용하기로 결정한 것에만 방점을 찍고 있는 모양새이다. 박근혜 정부는 갈수록 변덕이 심해지는 북한의 잠재적인 공격을 방어하기 위한 레이더와 미사일 축전지를 배치하고 싶어 했다.

평양 지도부는 수차례에 걸친 탄도 미사일과 핵실험을 해 오면서 유엔 결의안에 정면으로 대항해 왔다. 중국은 북한의 가장 중요한 경제 외교적 동맹이다. 그리고 비록 북한의 석탄 수입을 중지시키고 최근의 미사일 실험을 비난하는 모양새는 취하고 있으나 베이징 측에서 북한을 현 수준 이상으로 압박하는 것은 불가능하거나 아니면 할 의도가 없는 것으로 보인다. 반면 중국은 한국의 움직임에 대해서는 감추어진 동기가 있다고 보고 있었다. 그들은 미사일을 탐지하기 위해 사드가 갖추고 있는 강력한 레이더가 중국의 동북 지역까지를 사정권 내에 둘 것이어서 미군이 중국의 미사일 실험을 감시할 수 있게 되는 것은 물론이고 중국의 핵 억지력까지 약화시키게 될 것이라고 주장하고 있다.

중국의 지도자들 입장에서 본다면 미국의 주요 군사 설비가 중국과 아주 가까운 곳에 배치된다는 것은 미국이 중국을 포위하려 하거나 그들의 대국굴기(大国崛起)를 억제하려는 것처럼 받아들여질 수도 있다. 이러한 이유로 중국 당국은 최근 들어 실질적인 외교적 혹은 프로파간다적인 측면에서의 노력 이외에도 경제적인 보복까지 시작하고 나섰다.

롯데의 39개의 마트가 지방 정부 당국의 점검에 통과하지 못하어 문을 닫았을 뿐만 아니라 중국 북동쪽에 자리 잡은 도시인 심양에서는 롯데 리조트 건설과 관련된 대형 프로젝트의 진행 또한 중지되는 일이 발생했다. 롯데는 사드 배치를 위한 땅을 제공해 준 한국의 기업이다. 항공편이나 크루즈 선박을 통한 중국 관광객들의 한국 방문도 금지령이 떨어졌다. 다만 비공식적인 채널을 통해서는 이루어지고 있는데 이는 중국의 중앙 정부가 이러한 조치가 사드와 직접적인 연관이 있다는 것을 공개적으로 시인하고 싶어 하지 않기 때문으로 보인다.

베이징의 노력이 이제는 결실을 맺고 있다

악화되고 있는 서울과 베이징 사이의 관계는 한국의 야당 국회의원들에게는 논란거리가 되고 있다. 박 전 대통령의 탄핵으로 인해 치러질 선거에서 야당을 대표하여 가장 유리한 위치를 점하고 있는 것은 물론이고 이길 가능성 또한 큰 문재인 후보는 사드 배치를 철회하고 싶어 하며 그래서 이것이 의회 차원에서 정밀한 검토가 필요한 부분이라고 주장한다. 계속되는 중국의 압력은 여론의 분위기를 돌리고 차기 정부가 미사일 방어 체계 배치를 단호하게 반대하고자 하는 것에 도움을 줄 수도 있다. 그리고 만약 그렇게 된다면 베이징은 서울로부터 그들이 원하는 항복을 받을 수도 있다. 이는 필리핀이 친중 행보를 보이며 미국이 주도하는 환태평양 경제 동반자 협정(TPP)에서 스스로 탈퇴한 것에 더해서 아태 지역에서 미국의 외교적인 영향력을 감소시키는 또 하나의 사례가 될 수도 있다.

4. Words&Phrases

1 **constitutional**: 헌법상의, 입헌적인(다른 뜻: 체질의, 기질의, 타고난)

2 **devoted**: 헌신적인, 몰두한

3 **rolling news**: 뉴스를 24시간 지속해서 제공하는 라디오나 TV 방송(i.e. CNN, BBC, ABC etc)

4 **outlet**: 출구, 배출구, 전기, 콘센트(본문에서처럼 방송국이라는 의미로도 간혹 쓰인다)

5 **impeachment**: 탄핵, 고발, 고소

6 **corruption**: 타락, 부패, 부정행위

7 **influence-peddling**: 정부 등의 인사와의 친분을 이용하여 개인의 이득을 얻어내고자 하는 행위

8 **erratic**: 별난, 괴상한, 변덕스러운, 일정치 못한

9 **defy**: 반항하다, 무시하다

10 **ballistic missile**: 탄도 미사일

11 **condemn**: 비난하다, 유죄 판결을 내리다

12 **rein**: 고삐로 제어하다, 수단, 구속, 견제

13 **ulterior**: 감추어진, 겉으로 드러나지 않은, 이면의

14 **penetrate**: 관통하다, 꿰뚫다, 파고들다, 잠입하다

15 **undermine**: 토대를 허물다, 약화시키다, 권위를 훼손하다

16 **deterrent**: 방해물, 억지력, 제지하는

17 **deployment**: (부대) 배치

18 **hell-bent**: 저돌적으로, ~를 할 작정인

19 **contain**: 담다, 포함하다, 억누르다, 억제하다

20 **retaliate**: 보복하다

21 **halted**: 멎다, 정지하다, 휴지

22 **unofficial**: 비공식의

23 **deteriorate**: 악화되다, 저하되다

<u>24</u> **scrutiny**: 정밀조사, 감시, 감독

<u>25</u> **set backs**: 역행, 후퇴, 역류

<u>26</u> **self-induced**: 저절로, 자의로

5. 영어로 기사를 써 보자

1) The reasons for her (　　　　) were domestic.
   그녀의 **탄핵** 사유는 국내적인 문제들이다.

2) Ms Park's government wanted to install the radar and missile batteries to protect against potential strikes from an increasingly (　　　　) North Korea.
   박근혜 정부는 갈수록 **변덕**이 심해지는 북한의 잠재적인 공격을 방어하기 위한 레이더와 미사일 축전지를 배치하고 싶어 했다.

3) Pyongyang's regime has been (　　　　) United Nations sanctions by carrying out a series of ballistic missile and nuclear tests.
   평양의 지도부는 수차례에 걸친 탄도 미사일과 핵실험을 해 오면서 유엔 결의안에 정면으로 **대항해 왔다**.

4) So, aside from a substantial diplomatic and propaganda effort, Chinese authorities have more recently started (　　　　).
   이러한 이유로 중국 당국은 최근 들어 실질적인 외교적 혹은 프로파간다적인 측면에서의 노력 이외에도 **경제적인 보복**까지 시작하고 나섰다.

5) Continuing pressure from China could help swing popular (　　　　) and the next administration firmly against the missile shield (　　　　).
   계속되는 중국의 압력은 여론의 **분위기**를 돌리고 차기 정부가 미사일 방어 체계 **배치**를 단호하게 반대하고자 하는 것에 도움을 줄 수도 있다.

Australia has been at war with North Korea for nearly 70 years. Here's why

호주는 지난 70년간 북한과 전쟁 상태이며 그 이유를 공개한다

ANALYSIS/chief foreign correspondent, Philip Williams/23 Feb 2019

1. 기사 해설

　흔히 북한과 갈등을 빚고 있는 나라로는 당사자인 한국 그리고 미국 정도를 떠올리기 쉽다. 하지만 호주인의 입장에서 바라본다면 또 다른 시각이 나올 수도 있을 것이다. 호주 또한 북한과 지난 70년간 전쟁 상태에 있었다는 주장은 다소 과장된 표현으로 들릴 수도 있는 동시에 그들이 무슨 말을 하고자 하는지에 관해서 궁금증을 자아내게 한다. 이 기사는 ABC의 외교부 수석 특파원인 Philip Williams 기자가 호주의 역사학자인 Mike Kelly와 한국 전쟁에 참전했던 Colin Kahn 대령 등을 인터뷰한 내용을 토대로 작성한 논평이다.

2. 기사 본문

　Question: What is Australia's longest running war? If your response was Afghanistan, you are sadly wrong. Despite nearly two decades involved there, that's not it.

　The answer is our near 70-year **conflict** with North Korea. Despite most of the fighting ending with the signing of an **armistice** back in July 1953, officially Australia is still at war with the country.

　Mike Kelly is an **historian** with the Australian War Memorial. "All arms of the Australian services served in Korea." he tells me in the Korean war **exhibition** at the memorial.

"Of about 17,000 men and women in total serving in the **Army, Navy and Air Force**, 340 were killed, including 43 [who went missing]." And while many Australians have no idea about that **vicious** conflict, fewer still are aware of our continuing **obligations**. "If anything **untoward** did happen and North Korea crossed the border, we are still obligated to assist the republic of Korea." Mr Kelly explains. I ask: "So, officially we're still at war with North Korea?" "Very much, it's not at peace." he says **bluntly**.

Battlefield nightmare

From the first **bone-crunching** handshake, it's clear retired Army Brigadier Colin Kahn has not faded with age. Fresh out of officer training at Duntroon, he was sent to the **battlefields** of Korea in 1952. The **intervention** of the Chinese "volunteers" had added yet another complication for the Australians and all the other **allied nations**.

When Brigadier Kahn and his **platoon** came under fire from a Chinese unit, he says he was hit in the opening burst. "I got hit by a machine gun through the chest and a **grenade** on my back and I went down." he says.

"I had left my body and I could see this battle and was wondering what the hell [was] going on down there." "I was happy looking down at the battle but then, all of a sudden, I thought of my wife." "I'd just been married a week before I'd left for Korea and I thought if I stay up here and feel too good about this I mightn't get back and I'll never see my wife again, so I said, 'Get me back to Earth.'" "And sure enough, I landed back there and had a bit of pain on the ground."

While Brigadier Kahn survived, of his 30 fellow classmates from Duntroon sent to the Korean War, all were either killed, wounded or taken prisoner. Despite those **tragedies** and his own **near-death experience**, he doesn't see the Korean war as a terrible time He was a soldier, and it was Korea that introduced him to the **sharp end** of his profession.

But Brigadier Kahn's **optimism** fades when talk turns to the question of whether next week's summit between US President Donald Trump and North Korean leader Kim Jong-un is capable of producing a **lasting peace**. He says the North Korean regime would be wary of allowing its people to be exposed to the reality of modern South Korea. "They would find it difficult to see the great freedom and the advantages made in the south and the people would see what they're really lacking up north." he says. "I think that's going to be a problem that's somehow got to be **overcome**."

Hope for the future

If Brigadier Kahn's **pessimistic** instincts are proven wrong and there is a lasting peace, then with the war's end would come the possibility of finding the remains of at least some of the 43 missing Australian servicemen. "One of my closest friends from Duntroon is one of those missing people, a fellow by the name of Jeff Smith," he says. "His body has never been **recovered** and for him alone I would love to see that able to take place."

As for the possibility of another shooting war involving Australia, Mr Kahn says simply: "I'd hate to think it would happen again." Avoiding that scenario may well depend on the success or otherwise of the Hanoi summit — but Mr Trump and Mr Kim are burdened by 70 years of **mutual distrust**.

In the meantime, Australia, the region and the world will keep hoping that somehow a real and lasting peace can be found. Otherwise a new **generation** of Australian servicemen and women may one day get the call their grandparents answered way back in 1950.

3. 한글 번역

문제: 호주 역사상 가장 오래된 전쟁은 무엇일까? 만약 당신의 답이 아프가니스탄이라면 안타깝게도 그건 틀린 답이다. 비록 지난 20여 년간 그곳에 참전했던 것은 맞지만, 그래도 정답은 아니다.

정답은 지난 70여 년간 지속되어 온 우리와 북한 간의 갈등이다. 비록 대부분의 전투는 1953년 7월에 휴전 협정이 맺어짐과 동시에 끝이 났지만, 공식적으로 호주는 여전히 그 나라와 전쟁 중인 상태이다.

Mike Kelly 씨는 호주 전쟁기념관의 역사학자이다. 그는 기념관의 한국 전쟁 전시관에서 "호주의 모든 전투 부대가 한국에 파병을 보냈었다."라고 말했다.

"육해공군 그리고 남녀를 통틀어 대략 17,000여 명의 군인들이 파병되었고 그중에서 실종된 43명을 포함하여 총 340명이 전사하였다." 그리고 대부분의 호주인들이 그 위험했던 싸움을 잘 모르는 실정이지만, 일부 소수는 지속되는 우리의 의무를 잘 인지하고 있다. Kelly 씨는 "뭔가 불미스러운 일이 발생했다거나 혹은 북한이 휴전선을 넘어온다든지 하는 일이 생긴다면 우리는 여전히 대한민국을 도울 의무가 있다."라고 설명했다. "그러니 공식적으로 우리는 여전히 북한과 전쟁 중인 거네요?" 나는 물었다. "그렇다 마다요. 완전한 평화가 아닙니다." 그는 다소 무뚝뚝하게 답했다.

전쟁터의 악몽

첫 대면에서 뼈가 으스러질 듯 악수를 세게 하는 것으로 보니 퇴역한 육군 대령 Colin Kahn 씨는 세월을 빗겨나간 것이 확실한 듯 보인다. 사관학교를 막 졸업한 초임 장교였던 그는 1952년에 한국 전쟁에 파병되었다. 중국 의용군(중공군)의 개입은 호주군과 다른 모든 동맹국의 입장에서는 엎친 데 덮친 격이나 다름없었다.

Kahn 대령(전쟁 당시에는 소위였을 것으로 추정됨)과 그의 소대원들이 중국 부대의 공격을 받을 당시 그는 포화가 시작되자마자 총상을 입었다. 그는 "기관총에 맞아 총알이 내 가슴 쪽을 관통했고 내가 쓰러져 있을 때 등 쪽에 수류탄도 맞았다."라고 회상했다. "나는 나 자신의 육신을 떠남과 동시에(유체이탈 현상) 전투 상황을 내려다보며 대체 여기서 무슨 일이 벌어지고 있는 건지 잠시 의아해했다. 나는 전투를 내려다보며 묘한 행복한 기분을 느꼈다. 그러다 번뜩 내 와이프가 생각이 났다." "나는 한국으로 떠나기 단 일주일 전에 결혼한 상태였다. 그리고 문득 내가 여기에서 이런 황홀한 기분을 느끼고만 있다면 본국으로 돌아갈 수 없을 뿐만 아니라 내 와이프를 두 번 다시는 못 볼 거라는 생각이 들었다. 그리고는 나는 속으로 외쳤다. '나를 지구로 다시 되돌려줘!' 그 후 아니나 다를까, 나는 다시 땅으로 내려왔고 순간 온몸에 고통이 느껴지기 시작했다."

비록 Kahn 대령은 살아남았지만, 한국 전쟁에 파병되었던 그의 사관학교 동기 30명은 전원 전사하거나, 부상을 당했거나, 포로로 잡혔다. 이러한 비극들과 자기 자신의 임사체험에도 불구하고 그는 한국 전쟁을 끔찍했던 과거라고 여기지 않는다. 그는 군인이었다. 그리고 그의 군 경력에 있어서 최고의 기술을 연마하도록 해 준 것은 한국이란 나라이다.

그러나 Kahn 대령의 이런 낙관적인 시각은 대화의 주제가 다음 주에 있을 Donald Trump 미국 대통령과 북한 지도자 김정은 간의 정상회담이 과연 지속 가능한 평화를 노출해 낼 것인가에 대한 실분으로 넘어가는 순간 사라져버리고 말았다. 그는 "북한 정권은 그들의 주민들이 현대화된 남한의 현실을 접할 수 있도록 노출이 되는 것을 원치 않는다."라고 말했다. "그들은 위대한 자유와 번영을 이룩한 남한의 모습을 보고 주민들이 북한에 무엇이 부족한지를 깨닫는 것을 두려워한다." 그는 말했다. "내 생각에는 그게 문제의 핵심이고 극복해야 할 장애물이다."

미래에 대한 희망

만약 Kahn 대령의 이런 비관적인 직관이 틀린 것으로 증명되고 지속되는 평화가 찾아오게 된다면 전쟁의 종료와 함께 실종된 43명의 호주인 장병들의 시신을 일부라도 찾을 수 있지 않을까 하는 가능성이 열릴 것이다. 그는 "내 사관학교 동기 중에서 가장 친했던 친구 한 명도 그 실종자 중 한 명이다. 그의 이름은 Jeff Smith이다."라고 말했다. "그의 시신은 아직 발굴되지 않았다. 그리고 그 친구 단 한 명만을 위해서라도 나는 이것들이 현실로 다가올 날을 기다린다."

Kahn 씨는 호주가 개입될 또 다른 전쟁 발생의 가능성에 대한 질문에는 "그런 일이 생긴다는 것은 상상도 하기 싫다."라고 짧게 답했다. 아마도 그러한 시나리오를 피하는 것은 하노이 정상회담의 성공 여부에 달려있다고 보이지만, Trump 대통령과 김정은 둘 다 지난 70년 동안의 상호 간의 불신을 어깨에 짊어지고 있다.

이러한 상황 속에서 호주와 동북아 지역 그리고 전 세계는 어떻게든 진정한 그리고 지속 가능한 평화가 이루어지기를 계속해서 염원할 것이다. 그렇지 않다면 새로운 세대의 호주 국군 장병들이 1950년에 그들의 할아버지, 할머니들이 받았던 그 호출을 다시 받을 날이 올지도 모를 일이다.

4. Words&Phrases

<u>1</u>　**conflict**: 충돌, 투쟁, 싸움

2 **armistice**: 휴전, 정전(truce)

3 **historian**: 역사학자, 사학자

4 **exhibition**: 전람, 전시, 진열, 공연회, 박람회

5 **Army, Navy and Air Force**: 육군, 해군 그리고 공군

6 **vicious**: 악덕의, 부도덕한, 악의적인

7 **obligation**: 의무

8 **untoward**: 나쁜, 불리한, 온당치 못한

9 **bluntly**: 무뚝뚝하게

10 **bone-crunching**: 뼈가 으스러지는 듯한

11 **battlefields**: 전쟁터

12 **intervention**: 중재, 개입, 간섭

13 **allied nations**: 동맹국들

14 **platoon**: 소대

15 **grenade**: 수류탄

16 **tragedy**: 비극, 참사

17 **near-death experience**: 임사체험

18 **sharp end**: 뱃머리, 전선, 첨단

19 **optimism**: 낙천주의, 낙관주의

20 **lasting peace**: 지속적인 평화

21 **overcome**: 극복하다, 이기다, 압도하다

22 **pessimistic**: 비관적인

23 **recovere**: 되찾다, 회복하다

24 **mutual distrust**: 상호 간의 불신

25 **generation**: 세대

5. 영어로 기사를 써 보자

1) Mike Kelly is an (   ) with the Australian War Memorial.
   Mike Kelly 씨는 호주 전쟁기념관의 **역사학자**이다.

2) And while many Australians have no idea about that vicious conflict, fewer still are aware of our (   ).

그리고 대부분의 호주인들이 그 위험했던 싸움을 잘 모르는 실정이지만, 일부 소수는 **지속되는** 우리의 **의무**를 잘 인지하고 있다.

3) If anything (   ) did happen and North Korea crossed the border, we are still obligated to assist the republic of Korea.

뭔가 **불미스러운 일**이 발생했다거나 혹은 북한이 휴전선을 넘어온다든지 하는 일이 생긴다면 우리는 여전히 대한민국을 도울 의무가 있다.

4) The (   ) of the Chinese "volunteers" had added yet another complication for the Australians and all the other (   ).

중국 의용군(중공군)의 **개입**은 호주군과 다른 모든 **동맹국**의 입장에서는 엎친 데 덮친 격이나 다름없었다.

5) Mr Trump and Mr Kim are burdened by 70 years of (   ).

Trump 대통령과 김정은 둘 다 지난 70년 동안의 **상호 간의 불신**을 어깨에 짊어지고 있다.

South Korea to replace all school history books with single state-approved textbook

한국 정부가 모든 종류의 역사 교과서를 단일 국정 교과서로 대체할 계획이다

Reporter: The World Today, Mandie Sami/14 Oct 2015

---

1. 기사 해설

지난 정부에서 역사 교과서 단일화를 발표한 뒤 논란이 일었던 내용을 Mandie Sami, ABC 기자가 취재한 내용이다. 인터뷰 중 교육학자인 Michael Dunn 박사는 역사 교육을 통제하려고 한 정부는 한국이 처음이 아니라며 미국과 영국의 예를 들기도 했지만, 그래도 역사를 통제하려는 것은 위험한 시도라고 입장을 밝혔다. 이 기사를 선택한 이유는 유용한 영어 표현들을 공부하기 위함이지, 정치적인 성향이나 현재의 트렌드와는 아무런 관련이 없음을 밝힌다.

2. 기사 본문

South Korea's government has announced a controversial plan to replace a variety of history books with a single textbook approved by the state.

Currently high schools can choose from books released by eight different publishing companies, but the government said those were all too **left-wing**. By 2017, The Correct History Textbook will be the only history book allowed in South Korea's high schools. It will be written by a government-appointed panel of history teachers and academics.

Opposition politicians and some students have already been protesting against the move, accusing the government of "**distorting** history." Dr Emma Campbell, a visiting fellow at the Australian National University's Strategic and Defence Studies Centre, said the move was **unexpected** and disappointing. "I think I'm joined by quite a lot of people in South Korea who think it's quite a **regressive** move, especially when you look at the few countries who have such tight control of the textbooks, which include North Korea." she said. "So I think it's a **disappointing** and surprising move by a country that really should be encouraging diversity and democracy and **freedom of speech**."

Dr Campbell said she believed the move to control how history is taught was related to domestic political issues in South Korea. "The current government is from the right and its leader and Korea's current president is Park Geun-hye, who is the daughter of the former **authoritarian dictator** of South Korea Park Chung-hee." she said. "And I think there is a desire within the right wing government to control the presentation of that history in order to perhaps **reflect** more positively on the achievements during that time and also their role and the role of their party in that history."

Dr Campbell said the textbook could **bolster** opposition and anger toward an already **unpopular** government. "It will be interesting to see how the government responds to that strength of opposition." she said. "One hopes that it will encourage them to review their decision about creating one single textbook."

South Korea not the first to control how history is taught

Educationalist Michael Dunn told the BBC South Korea was not alone, with school history lessons causing controversy in Western countries like the United States and United Kingdom. "I think the Americans have a constant running battle between liberals and more conservatives about how they should present their past." he said. "One side would like to present a **glorious** history of the

American past — in their view this makes the country a happier place." On the other hand, the **liberals** in the United States are much keener to present perhaps a more social view of the past and give a voice to people who have been **oppressed**.

"I think also the UK have a very interesting approach. We tend to avoid controversial history in our **curriculum**, we're very keen on looking at more distant history and somehow, for some reason the less controversial it becomes." "But there are very few younger students in our school who will be able to tell you about British involvement in, for example, the Iranian **coupé de tat** or how we handled the Suez crisis which was certainly not the most glorious points in our history."

Mr Dunn warned that the **censorship** of history was dangerous. "History just provides us with vital skills." he said. "I personally believe that the skills involved in history — that is empathising with the past, understanding what made people do the things that they did — that is what makes history such an important thing to study."

3. 한글 번역

대한민국 정부가 다양한 역사 교과서를 국가의 승인을 받은 단일 교과서로 대체하겠다는 논란이 예상되는 계획을 발표했다.

현재 고등학교들은 8개의 출판사에서 집필하는 교과서 중에서 하나를 선택하는 방식을 택하고 있으나 정부는 이 모든 서적이 지나치게 좌편향적이라고 발표했다. 2017년쯤이면 개정된 역사 교과서만이 대한민국의 모든 고등학교에서 허용될 것이다. 교과서는 정부가 지정한 역사 교사들 그리고 학자들로 구성된 위원회를 통해 집필될 것이다.

이미 야당 정치인들과 일부 학생들은 정부가 역사를 날조한다고 주장하며 이 정책에 반발하고 나섰다. 국립 호주 대학교의 국방 전략 연구 센터 방문 교수인 Emma Campbell 박사는 이 정책은 정말 뜻밖이며 또한 실망스럽다고 밝혔다. 그녀는 "나는 이것이 시대를 역행하는 정책이라고 생각하는 한국인들을 많이 만난다. 특히 북한을 포함해서 교과서를 강력하게 통제하는 몇몇 나라들을 보면 더욱 그렇게 느낀다."라고 밝혔다. "그런 측면에서 나는 이번 사항이 실망스럽고 또 놀라운 정책이라고 생각한다. 국가라고 한다면 다양성과 민주주의 그리고 언론의 자유를 장려해야 하는데도 말이다."

Campbell 박사는 역사를 가르치는 방법을 통제하려는 이 정책이 한국의 국내 정치 현안들과 연관이 있다고 믿고 있다. 그녀는 "현 정권은 우파 성향이며 이 정권의 수장인 박근혜 대통령은 한국의 권위주의적인 독재자였던 박정희 전 대통령의 딸이다."라고 말했다. "그리고 내가 생각하기에는 우파 성향의 현 정부가 역사가 기술되는 것을 통제하여 그 당시의 성과들은 물론이고 그 시대에 우파가 역사 속에서 담당했던 역할들이 좀 더 긍정적인 시각으로 반영되기를 바라는 것 같다."

Campbell 박사는 이 교과서가 이미 지지도가 낮은 현 정부에 대한 반대와 분노를 더욱 자극할 수도 있다고 분석했다. 그녀는 "정부가 이러한 강력한 반발에 대해 어떻게 대처할지 지켜볼 만한 일"이라고 말했다. "야당 측은 이러한 반발이 정부가 단일 국정 교과서를 편찬하겠다는 결정을 재고하도록 하는 데 도움이 되기를 희망하고 있다."

역사 교육 방식을 통제하려는 국가는 한국이 처음이 아니다

교육학자인 Michael Dunn 박사는 BBC와의 인터뷰(호주의 ABC 뉴스와 영국의 BBC 뉴스는 서로 많은 내용을 함께 공유한다)에서 한국뿐만 아니라 미국이나 영국 같은 서양 국가들에서도 학교 역사 교육이 논란이 되었던 적이 있었다고 말했다. 그는 "내가 보기에는 미국인들 또한 그들의 과거를 어떻게 기술할 것인지에 대해서 자유 진영과 보수 진영 간의 끊임없는 싸움을 이어오고 있다."라고 말했다. "한쪽은 미국의 과거를 영예로운 역사로 기술하고 싶어 한다. 그들의 시각에서는 이것이 국가를 더 행복한 나라로 만드는 것이라고 믿고 있기 때문이다. 그러나 미국의 자유 진영에서는 예컨대 과거에 있었던 사회적인 문제들을 더욱 부각하거나 억압받았던 사람들의 목소리를 대변하는 것에 더 중점을 둔다."

"내 생각에는 영국 또한 아주 흥미로운 접근법을 가지고 있다. 우리는 논란의 소지가 있는 역사는 되도록 교육 과정에 포함하지 않으려는 경향이 있으며 또한 아주 먼 역사를 교육하는 것에 더 중점을 두려고 한다. 이러면 이유나 방법이 어떠하든 간에 논란의 소지는 적다. 그런데도 우리 학교의 소수 몇몇 학생들은 영국이 개입된 과거의 사건들을 지적하기도 한다. 예를 들면 이란의 쿠데타 혹은 수에즈 위기 당시 영국이 어떻게 그 사건을 다루었는지 등의 영광스럽지 못한 우리 역사의 페이지들 말이다."

한편 Dunn 박사는 역사를 검열하려는 시도는 위험한 것이라고 경고했다. "역사는 우리에게 중요한 교훈을 준다." 그는 말했다. "나는 개인적으로 역사와 교훈은 떼려야 뗄 수 없는 관계라고 믿고 있다. 과거에 어떤 일이 있었다면 과연 무엇이 그 당시의 사람들이 그렇게 할 수밖에 없도록 만들었는가를 이해하기 위해서 과거를 강조하는 것이고 바로 이것이 역사를 중요한 학문으로 만드는 본질이다."

4. Words&Phrases

1 **left-wing**: 좌파, 좌익

2 **opposition politician**: 야당 정치인

3 **distorting**: 왜곡하다, 곡해하다

4 **unexpected**: 예기치 않은, 뜻밖의

5 **regressive**: 후퇴하는, 회귀하는

6 **disappointing**: 실망한, 낙담한

7 **freedom of speech**: 언론의 자유

8 **authoritarian dictator**: 권위주의적 독재자

9 **reflect**: 반사하다, 반영하다, 심사숙고하다

10 **bolster**: 지지하다, 기운을 북돋우다, 강화하다

11 **unpopular**: 인기가 없는

12 glorious: 영광스러운

13 liberals: 자유주의, 자유당(다른 뜻: 많은, 풍부한, 인색하지 않은)

14 oppressed: 억압된, 학대받는

15 curriculum: 교과 과정, 이수 과정

16 coupé de tat: 쿠데타, 무력으로 정권을 빼앗는 일

17 censorship: 검열(제도), 검열관의 직위

18 vital: 생명의, 생명 유지에 필요한, 불가결한, 긴요한

5. 영어로 기사를 써 보자

1) (   ) and some students have already been protesting against the move, accusing the government of (   ) history.
이미 **야당 정치인**들과 일부 학생들은 정부가 역사를 **날조**한다고 주장하며 이 정책에 반발하고 나섰다.

2) So I think it's a disappointing and surprising move by a country that really should be encouraging diversity and democracy and (   ).
나는 이번 사항이 실망스럽고 또 놀라운 정책이라고 생각한다. 국가라고 한다면 다양성과 민주주의 그리고 **언론의 자유**를 장려해야 하는데도 말이다.

3) The current government is from the right and its leader and Korea's current president is Park Geun-hye, who is the daughter of the former (   ) of South Korea Park Chung-hee she said.
현 정권은 우파 성향이며 이 정권의 수장인 박근혜 대통령은 한국의 **권위주의적인 독재자**였던 박정희 전 대통령의 딸이다.

4) On the other hand, the liberals in the United States are much keener to present perhaps a more social view of the past and give a voice to people who have been (   ).
그러나 미국의 자유 진영에서는 예컨대 과거에 있었던 사회적인 문제들을 더욱 부

각하거나 **억압받았던** 사람들의 목소리를 대변하는 것에 더 중점을 둔다.

5) Mr Dunn warned that the (   ) of history was dangerous.

Dunn 박사는 역사를 **검열**하려는 시도는 위험한 것이라고 경고했다.

엔터테인먼트
Entertainments

K-pop band BTS goes viral with UN plea to young people to help shape the future

K-pop 밴드 방탄소년단이 유엔에서 연설한 것이 화제가 되고 있다

ABC/26 Sep 2018

---

1. 기사 해설

　방탄소년단(BTS)은 2018년 9월에 뉴욕 유엔 본부에서 진행된 '제너레이션 언리미티드' 행사에 초청을 받았다. 세계 각국의 정상들이 유엔의 연례 회의에 참석하기 위해 뉴욕으로 모여든 가운데 BTS의 리더 RM은 차별과 빈곤에 대항하기 위한 국제적인 노력에 젊은 층이 동참해야 한다고 말했고 또한 "여러분의 목소리를 내달라."라는 내용의 뭉클한 메시지를 던진 바 있다.

2. 기사 본문

　As world leaders <u>descended</u> on New York for an annual gathering at the United Nations, South Korea's top boy band BTS took advantage of the spotlight to urge young people to join global efforts against <u>discrimination</u> and poverty.

　The seven-member band, who this year became the first K-pop group to top the Billboard 200 album chart, made an **impassioned plea** at the UN for young people to find their voices to help shape the future. The 193 UN member states agreed three years ago to an **ambitious** set of 17 global goals designed to **conquer** poverty, inequality and other international **woes** by a 2030 deadline. Campaigners have stressed the need for the younger generation to get involved, with the UN children's fund UNICEF estimating the global population of **adolescents** and young people will reach 2 billion by 2030.

BTS leader Kim Nam-joon, **aka** RM, spoke for the group to help launch a UNICEF campaign called "Generation Unlimited", outlining the issues that they, their fans and young people around the world face today and the need to step up. "I want to hear your voice, I want to hear your **conviction**. No matter where you're from, skin colour, gender identity, just speak yourself. Find your name (and) find your voice." said Nam-joon, 24. The speech, which was shared by the UNICEF Twitter account, went viral on social media with more than 148,000 retweets and 254,000 likes.

BTS, formed five years ago, topped the 2018 Forbes Korea Power Celebrity list that ranks South Korea's most powerful and influential celebrities. It was the first K-pop band to speak at any United Nations annual gathering.

YouTube star Lilly Singh, a UNICEF Goodwill Ambassador, also appeared at the #Youth2030 event alongside BTS, watched by UN Secretary-General Antonio Guterres and World Bank Group President Jim Yong Kim, who is Korean-American. UNICEF said "Generation Unlimited" was a campaign to get every young person into education, training or employment by 2030. It said a lack of education was **holding back** millions of young people while also threatening **progress** and **stability**. "All our hopes for a better world rest on young people." Mr Guterres said in a statement. "**Sustainable** development, **human rights**, peace and security can only be achieved if we empower these young people as leaders, and enable them to **unleash** their full **potential**."

3. 한글 번역

세계 각국의 정상들이 유엔의 연례 회의에 참석하기 위해 뉴욕으로 모여든 가운데 한국의 최정상 보이 그룹인 방탄소년단(BTS)이 차별과 빈곤

에 대항하기 위한 국제적인 노력에 젊은 층이 동참해야 한다는 연설을 해서 스포트라이트를 독차지했다.

금년에 K-pop 그룹으로는 사상 최초로 빌보드 200 앨범 차트 정상을 차지했고, 총 일곱 명으로 구성된 이 그룹은 유엔에서의 열띤 연설을 통해, 더 나은 미래를 만들기 위해 젊은 층들이 목소리를 높여야 한다고 호소했다. 193개국의 유엔 회원 가입국은 3년 전에 빈곤과 불평등 그리고 기타 국제적 고난 등을 2030년 이전까지 해결한다는 골자의 17개로 이루어진 야심 찬 목표를 설정한 바 있다. 유엔 아동 기금인 유니세프는 전 세계의 청소년층과 젊은 층의 인구가 2030년경이면 약 20억 명에 이를 것으로 예측하고 있으며 이에 대비하여 사회 운동가들은 청년층의 동참이 필요하다는 것을 강조했다.

방탄소년단의 리더인 김남준(RM이라고도 불린다) 군은 오늘날 당면한 국제적인 이슈들을 나열하며 그들과 그들의 팬들 그리고 전 세계의 젊은이들이 더 분발할 필요성을 역설하였고, 또 '제너레이션 언리미티드'라고 불리는 유니세프 캠페인을 출범시키는 데 협력하자고 말했다. 올해 24살인 남준 군은 "나는 당신의 목소리를 듣고 싶습니다. 나는 당신의 확신을 듣고 싶습니다. 당신의 피부색, 성별이 무엇이든 아무 상관없으니 그저 목소리를 내길 바랍니다. 당신의 이름과 목소리를 찾으세요."라고 연설했다. 해당 연설은 유니세프 트위터 계정에 공유되었고 SNS상에서 148,000여 개의 리트윗과 254,000여 개의 좋아요를 받으며 화제가 되었다.

5년 전에 결성된 방탄 소년단은 한국에서 가장 유력하고 영향력 있는 유명 인사를 정하는 포브스 코리아의 Power Celebrity list에서 2018년도에 1위를 차지하기도 했다. 그리고 K-pop 그룹이 유엔의 연례행사에서 연설한 것은 처음이다.

유니세프의 친선대사이자 유튜브 스타인 Lilly Singh 씨도 BTS와 함께 이벤트에 참여했고 이날 행사에는 Antonio Guterres 유엔 사무총장과 한국계 미국인인 세계은행의 김용 총재도 참석해서 자리를 빛냈다. 유니세프 측은 부족한 교육이야말로 수백만 명의 청년들의 성장을 방해하는 것은 물론이고 사회의 진보와 안정을 저해하는 요소라고 말하며 '제너레이션 언리미티드' 행사는 2030년까지 모든 젊은 층을 교육하고 트레이닝을 시키거나 혹은 구직하도록 하는 캠페인이라고 밝혔다. 또한, Guterres 유엔 사무총장은 성명을 통해 "더 나은 세상을 위한 우리의 희망은 전적으로 청년들에게 달려있다."라고 강조했다. 그는 또 "지속 가능한 발전, 인권, 평화 그리고 안보를 얻기 위해서는 젊은 사람들이 리더가 되어서 그들의 잠재력을 최대한 표출할 수 있도록 많은 권한을 주는 것만이 유일한 길이다."라고 말했다.

4. Words&Phrases

1 **descended**: 물려받은, 내려온

2 **discrimination**: 차별, 차별대우, 식별

3 **impassioned plea**: 열띤 청원, 열렬한 탄원

4 **ambitious**: 야심적인, 의욕적인, 야망이 있는

5 **conquer**: (국가, 영토, 적) 정복하다, (명성, 자유) 획득하다

6 **woes**: 고통, 재앙, 고난, 고뇌

7 **adolescents**: 청년기, 사춘기

8 **aka**: ~로도 불리는(aka는 also known as의 준말로 별명이나 가명을 칭할 때 쓰이는 표현이다)

9 **conviction**: 확신(다른 뜻: 유죄 판결)

10 **hold something back**: (전진, 발전) ~를 저지하다, ~를 방해하다

11 **progress**: 진행, 진전, 진보

12 **stability**: 안정, 안정성, 고정

13 **sustainable**: (환경파괴 없이) 유지할 수 있는, 지속될 수 있는

14 **human rights**: 인권

15 **unleash**: 속박을 풀다, 억누르기를 그만두다

16 **potential**: 잠재적인, 가능성 있는

5. 영어로 기사를 써 보자

1) The 193 UN member states agreed three years ago to an (   ) set of 17 global goals designed to (   ) poverty, inequality and other international woes by a 2030 deadline.

193개국의 유엔 회원 가입국은 3년 전에 빈곤과 불평등 그리고 기타 국제적 고난 등을 2030년 이전까지 **극복/정복**한다는 골자의 17개로 이루어진 **야심 찬** 목표를 설정한 바 있다.

2) I want to hear your voice, I want to hear your (   ).
나는 당신의 목소리를 듣고 싶습니다. 나는 당신의 **확신**을 듣고 싶습니다.

3) They said a lack of education was holding back millions of young people while also threatening (   ) and (   ).
그들은 부족한 교육이야말로 수백만 명의 청년들의 성장을 방해하는 것은 물론이고 사회의 **진보**와 **안정**을 저해하는 요소라고 말했다.

4) (   ) development, (   ), peace and security can only be achieved if we empower these young people as leaders, and enable them to unleash their full potential.
지속 가능한 발전, **인권**, 평화 그리고 안보를 얻기 위해서는 젊은 사람들이 리더가 되어서 그들의 잠재력을 최대한 표출할 수 있도록 많은 권한을 주는 것만이 유일한 길이다.

DAY 14

Eurovision: Dami Im returns to low-key life in Logan

유로비전 스타: 평범한 삶으로 돌아간 임다미 씨

ABC Radio Brisbane, Jessica Hinchliffe/2 Jun 2016

1. 기사 해설

임다미 씨는 어릴 때 부모님을 따라 호주에 이민을 간 한국계 호주인으로 2013년에 호주의 오디션 프로그램인 〈The X factor Australia〉에서 우승을 차지하고 그 후 2016년에는 유로비전 송 콘테스트에 호주 대표로 나가서 준우승을 차지하였다. 그 후로 호주에서 음반도 발매하고 가수로 활동하기도 했었다. 유로비전 송 콘테스트는 2억 명 이상이 시청하는 유럽에서 가장 큰 노래 경연 대회다. 호주는 유럽 국가는 아니지만, 유럽의 이민자들과 그 후손들이 주류(Main Stream)인 나라이며 또한 유로비전 시청률이 상당히 높아서 2015년부터 특별 참가 자격을 얻은 국가이다. 2016년 콘테스트가 끝난 뒤 온라인상에서는 누가 봐도 임다미 씨가 우승할 만한 무대를 보여주었으나 동양계 호주인이라는 이유로 유로비전 주최 측에서 차마 우승 자격을 줄 수 없었을 것이라는 논란도 많았다.

2. 기사 본문

Australia's Eurovision queen hopes to enjoy "watching cooking shows and drinking coffee" while <u>adjusting</u> to life after the song contest.

"Life back here for me is really low-key; we eat dinner and go grocery shopping… like everyone else." she said. "I'll play piano and I watch cooking shows and Korean <u>soap operas</u>." Im said she was <u>rarely</u> recognised in Logan. "When

CHAPTER 3. 엔터테인먼트(Entertainments) 105

I go [shopping] without any make-up, in bad clothes, people don't **recognise** me — which is good, as I don't want them to." she told 612 ABC Brisbane's Steve Austin. "When they ask me for a photo, I often say, 'Are you sure, as I don't look like Dami at the moment.'"

NOTE Logan은 브리즈번 외곽에 있는 인구 30만 명의 작은 도시이다.

Not Asiavision but Asia-Pacificvision

Im said she hoped to use her Eurovision success to **encourage** someone to organise a similar Asia-Pacific competition. "I don't think it should be called Asiavision though, I think it should be called Asia-Pacific to include places like New Zealand and Samoa." she said. "There's so many musical cultures that could be included." "Why don't we put them all on the one stage and enjoy it."

From classical pianist to pop star

Im's dream to become a pop star started when she was a teenager listening to Kylie Minogue, Mariah Carey and the Spice Girls. "I always assumed I would be a concert pianist as that's what I was good at." she said. "When I came to Australia I couldn't speak English but I could play the piano and my friends and teachers started to **notice**." "I **stuck with** it and started winning eisteddfods in Brisbane, but inside I really wanted to be a pop singer."

NOTE eisteddfods는 브리즈번 지역의 가장 큰 예술 경연 대회 중 하나이다.

Im said she could never have **predicted** how popular she would become. "These pop stars that we see everyday — they're amazingly beautiful, like Beyonce, and they get everything perfect." she said. "For me, I never imagined

I would become that, but I've found much more success than I ever imagined in my life." "Somehow I achieved my dream and I've achieved more than I ever dreamed of."

'I'm weird'

Im said her "**weirdness**" had helped her connect with fans around the world. "Because I'm weird and everyone is a little weird, they can relate." she said.

Her family **emigrated** to Australia when she was nine, but Im travels back to Korea often. She said her recent popularity in her birth country had also been **humbling**. "When I've visited my family in Korea I've heard my songs played in cafes and on the streets." Im said. "When they listen to pop songs they choose to listen to me and I'm really proud of that."

Supportive, close-knit family

It has become rare to see Im without her **doting** husband Noah Kim, supporting her from side of stage. "Some husbands and wives compete and I know if it was **the other way around** I would be jealous." she said. "But he's an amazing man and is so **supportive** and wants the best for me." "He has an amazing career of his own as a community social worker, but he's happy to give that up and help me with mine… I'm very lucky."

Her brother Kenny has also been part of her support team, often lending cheeky PR support. "My younger brother picks me up a lot from the airport, often three or four times a week." she said. "At Eurovision they asked me about what I would do afterwards and I said 'drink lemonade.'" "When I got home my brother just kept **making fun of me**." "He kept bagging me out, saying, 'you said drink lemonade in front of 200 million people — good work Dami.'"

Im said she hoped the next Australian performer to head to Eurovision enjoyed the ride. "It's **insane** and tiring and you get pulled in every direction, but it's the most incredible experience and they should soak it all in." she said.

3. 한글 번역

호주의 유로비전 퀸은 대회 이후에 요리 방송이나 보고 커피나 즐기면서 다시 원래의 생활로 돌아가고 싶어 한다.

그녀는 "다시 돌아온 여기에서의 내 삶은 아주 평범하다. 우리는 다른 사람들과 똑같이 저녁을 먹고 반찬을 사러 쇼핑하러 다닌다."라고 말했다. 그녀는 "로건에서는 나를 알아보는 사람들이 많지 않다."라고 하며 "앞으로 피아노를 치거나 요리 방송 또는 한국 드라마들이나 볼 것."이라고 말했다. 그녀는 라디오 방송인 〈612 ABC Brisbane's Steve Austin〉에 출연하여 "내가 화장을 안 하고 옷도 후줄근하게 입고 동네에서 쇼핑할 때면 대부분이 나를 알아보지 못한다. 사실 사람들이 나를 알아보는 것을 원치 않기 때문에 오히려 나는 그게 더 좋다."라고 말했다. 간혹 사람들이 그녀를 알아보고 사진을 찍기를 원할 때 그녀는 종종 "확실해? 나는 지금 (TV 화면 속에 비치는) 다미의 모습이 전혀 아닌데."라며 너스레를 떤다고 했다.

'아시아 비전'이 아닌 '아시아 태평양 비전'

임다미 씨는 그녀의 유로비전에서의 성공을 통해 누군가가 비슷한 콘셉트로 아시아 태평양 지역의 경연대회를 기획하는 데 도움이 됐으면 한다고 말했다. 그녀는 "만약 그러한 대회가 생긴다면 내가 생각하기에는 아시아 비전으로 불리면 안 될 것 같다. 뉴질랜드나 사모아 같은 나라들도 다 포함하려면 아시아 태평양 비전이라 부르는 게 좋을 것 같다. 엄청나게 많은 음악 문화들이 있으므로 다 포함하는 것이 좋을 것이고, 또 그 모두를 한 무대에 세우고 즐길 수 있다면 하지 않을 이유가 없지 않나."라고 말했다.

클래식 피아니스트에서 팝 스타가 되기까지

팝 스타가 되고 싶다는 다미 씨의 꿈은 10대 때 Kylie Minogue, Mariah Carey 그리고 Spice Girls의 음악을 들으면서부터 시작되었다. "나는 항상 스스로 콘서트 피아니스트가 될 것이라 예상했다. 그게 내가 잘하는 것이었기 때문이다." 그녀는 말했다. "내가 처음 호주에 왔을 때 나는 영어를 못 했지만 피아노를 칠 줄은 알았고 당시 친구들과 선생님들이 차츰 그것을 알아가기 시작했다. 나는 한 우물을 팠었고 피아노로 브리즈번 eisteddfods 대회에서 우승도 했었다. 그러나 한편으로 내 마음속 깊은 곳에서는 가수가 되고 싶다는 생각을 떨칠 수가 없었다."

다미 씨는 그녀가 얼마나 인기 있고 유명한 사람이 될 것인지는 전혀 예측할 수 없었다고 했다. "우리가 늘 보는 팝 스타들은 너무나도 아름답다. 비욘세 같은 가수들은 모든 것이 완벽하다." 그녀는 말했다. "개인적으로 나는 그렇게 될 것이라고는 상상도 못 했다. 하지만 내가 스스로 생각했던 것보다는 훨씬 더 큰 성공을 거두었다. 어쨌든 나는 내 꿈을 이루었고 사실 내가 꿈꾸던 것보다 오히려 더 큰 성취를 이루어냈다."

나는 괴짜 같은 사람

다미 씨는 그녀의 '특이함'이 전 세계의 팬들과 소통하는 데 도움이 되었다고 한다. "그 이유는 나는 괴짜이고 이 세상의 모든 사람이 다 조금씩은 괴짜 같은 기질이 있기 때문이다. 그래서 그들은 공감한다." 그녀는 말했다.

다미 씨의 가족은 그녀가 아홉 살일 때 호주에 이민을 왔다. 그러나 다미 씨는 한국을 자주 방문하는 편이다. 그녀는 또 최근에 모국인 한국에서 얻고 있는 인기도 겸허하게 받아들인다고 했다. 그녀는 또 "내가 한국에 있는 가족들을 방문하러 갔을 때 몇몇 카페 그리고 길거리에서 내 노래가 나오는 것을 들었다. 그들이 팝송을 들을 때 내 노래를 선택한 것을 생각하면 나 자신이 너무 자랑스럽고 뿌듯하기도 하다."라고 밝혔다.

서로 도움이 되고 유대감이 강한 가족관계

다미 씨의 남편인 Noah Kim 씨는 무대 곁에서 항상 그녀를 응원하고 있었고 부부가 함께하지 않는 장면을 보기 어려울 정도였다. "어떤 남편과 아내들은 서로 경쟁을 하는 경우도 있다. 그리고 만약 우리가 반대의 상황에 놓여 있었다면 나는 내 남편을 질투했을 것이다." 그녀는 말했다. "그러나 내 남편은 정말 좋은 사람이고 항상 나를 응원하고 내가 잘되기를 바란다. 그는 지역 사회 복지사로서 좋은 직업을 가지고 있지만, 그것을 기꺼이 포기하고 나를 돕는 역할을 하는 데 주저하지 않는다. 나는 정말 행운아이다."

그녀의 남동생 Kenny 씨도 또 한 명의 조력자이며 종종 뻔뻔스러운 응원을 통해 후원을 하기도 한다. "내 남동생은 항상 나를 픽업하고 공항에 와 준다. 그 횟수는 보통 일주일에 3~4회 정도는 된다." 유로비전 수상 당시 주최 측에서 나에게 끝나고 뭐하고 싶냐고 물었을 때 나는 그냥 '레모네이드나 마시고 싶다.'라고 말했었다." 그 후 "내가 집에 도착했을 때 내 동생이 그걸로 계속 놀리기도 했었다. 그는 '2억 명의 사람들 앞에서 레모네이드를 마시고 싶다는 게 말이 되냐. 잘했어 누나.'라고 비꼬며 나를 계속 놀리기도 했었다."

임다미 씨는 다음 유로비전에 호주 대표로 참가할 가수에게 그저 모든 과정을 즐기기를 바란다고 밝혔다. 그녀는 마지막으로 "그 준비 과정은 정말 미치도록 힘들 것이며 또 모든 방향에서 이런저런 시련을 맞닥뜨리게 될 것이다. 하지만 그래도 그것은 가장 멋진 경험이고 결국은 그 모든 고생이 눈 녹듯 사라질 것이다."라고 말했다.

4. Words&Phrases

1 **adjust**: (장소, 위치) 맞추다, 적합하게 하다, 적응하다 (기계 등을) 조절하다

2 **soap opera**: 멜로 드라마, 연속극

3 **rarely**: 드물게, 좀처럼

4 **recognise**: 인정하다, 승인하다, 인지하다, 알아보다

5 **encourage**: 용기를 북돋우다, 격려하다, 장려하다

6 **notice**: 주의, 주목(다른 뜻: 통지, 통보, 공고, 공지)

7 **stuck with**: ~에 붙잡혀 있다, ~와 함께할 수밖에 없다

8 **predict**: 예언하다, 예시하다

9 **weirdness**: 불가사의한, 괴상한, 특이한

10 **emigrate**: 이주하다, 이민 가다

11 **humble**: 겸손한, 얌전한, 교만하지 않은

12 **doting**: 맹목적으로 사랑하는, 사랑에 빠진

13 **the other way around**: 거꾸로, 반대의 경우에

14 **supportive**: 지지하는, 지원하는, 부양하는

15 **making fun of**: ~를 놀리다

16 **insane**: 미친, 정신이상의, 비상식적인

5. 영어로 기사를 써 보자

1) When I go [shopping] without any make-up, in bad clothes, people don't
   (   ) me.
   내가 화장을 안 하고 옷도 후줄근하게 입고 동네에서 쇼핑할 때면 대부분이 나를
   알아보지 못한다.

2) Im said she could never have (   ) how popular she would become.
   다미 씨는 그녀가 얼마나 인기 있고 유명한 사람이 될 것인지는 전혀 **예측할 수** 없
   었다고 했다.

3) Im said her (   ) had helped her connect with fans around the world.
   다미 씨는 그녀의 **특이함/괴짜스러움**이 전 세계의 팬들과 소통하는 데 도움이 되
   었다고 한다.

4) Some husbands and wives compete and I know if it was the (   )
   I would be jealous.
   어떤 남편과 아내들은 서로 경쟁을 하는 경우도 있다. 그리고 만약 우리가 **반대의**
   상황에 놓여 있었다면 나는 내 남편을 질투했을 것이다.

Australian Sam Hammington 'kicking goals' as unlikely reality TV star in South Korea

한국에서 리얼리티 TV 스타가 되기 위해 꿈을 좇는 호주인 샘 해밍턴

Australian Story, Wendy Page/22 Sep 2014

---

1. 기사 해설

호주인인 샘 해밍턴이 한국의 예능에서 활약하는 내용을 ABC의 〈Australian Story〉라는 방송에서 다루고 그 내용을 바탕으로 Wendy Page 기자가 쓴 기사이다. 인터뷰 도중에 그가 호주 기자의 질문에 한국어로 답변하고 또 그것이 통역되어 영어로 더빙이 들어간 방송 장면이 일부분 편집되어서 유튜브에 올라와 호주인이 호주 방송에서 한국말을 쓴다는 내용으로 많은 대중의 웃음을 자아내기도 했다.

2. 기사 본문

How does a former Australian exchange student become the king of comedy on South Korean television?

"It wasn't something that I planned." said Sam Hammington, 37, who speaks **fluent** Korean. "It was just something I fell into." Hammington now has a huge fan base as a comedian, actor and TV and radio **presenter** in Seoul. And as Australian Story reveals, it is a case of show business success striking twice in the same family. Hammington is the son of Australian star-maker Jan Russ, a former Neighbours casting agent. Jason Donovan describes Ms Russ as the "silent operator" who launched the careers of many of Australia's biggest film and television stars during her 25 years in the Neighbours job.

> **NOTE** Jan Russ 씨는 방송인 샘 해밍턴 씨의 어머니이며, 호주 방송가에서 유명했던 캐스팅 디렉터(배역 감독) 였다. 그녀는 1985년에 시작하여 현재까지도 방영되고 있는 호주의 최장수 드라마인 〈Neighbours〉의 캐스팅을 1985년부터 2009년까지 약 25년간 담당했었다.

Hammington **originally** went to South Korea 13 years ago as an exchange student after studying business and marketing and Korean at Swinburne University of Technology. He was discovered purely **by chance** when he attended a live comedy show in Seoul and there was a call for a member of the audience to come up on stage and take part in a **skit**.

"I put my hand up and it was such a **novelty** when a Korean-speaking foreigner got up." he said. "And there were script writers and directors in the audience. And one of them wanted a Korean-speaking foreigner for a show." The Koreans thought he was **hilarious** and one gig led to another.

'Kicking goals' as South Korea's favourite foreigner

"Now he's one of the biggest names in South Korea. I can't walk down the street with him any more because people just mob him for his **autograph** and photo." Ms Russ said. "His management have to drive him around in the car most of the time because he can't go out on the street. He's just kicking goals over there."

Hammington said to an outsider, South Korean comedy **comes across** as very **juvenile**. "There's a lot of word play and slapstick. A lot of the sketches wouldn't work in Australia." He said it is very difficult to be a comedian in South Korea. "It's very **restricting**. There's no slang. A lot of Korean words have Japanese origins and you can't use them." "Sexual **innuendo**, until recently, is a **big no-no** and you have to be very careful about North Korea, politics and religion. But **self-deprecation** is huge."

He said that, owing to his appearance on one of the highest-rating reality TV shows in the country, his is now the most recognisable foreign face in South Korea.

Wedding like 'a Baz Luhrmann movie set'

There was further evidence of Hammington's popularity last October when he married his long-time Korean girlfriend, Yumi Jung. The couple **opted for** a traditional Korean wedding on a spectacular scale. The event was televised nationally. "It was like being on a Baz Luhrmann movie set." said Ms Russ, who wore an elaborate costume as the mother of the groom.

> **NOTE** Baz Luhrmann은 호주의 유명한 영화감독이자 작가 겸 프로듀서이다. 그는 아주 호화스러운 세트와 제작 방식으로 유명하다.

"And there were hundreds of Sam's fans there and a **barrage** of cameras so it was quite an **extraordinary** event." "I have a very special place in my heart for the South Koreans. I love them very much because they've taken my son in and loved him and that's really important to me."

Real Men reality TV show sees Hammington join military

The reality TV show Hammington stars in, Real Men, sees him cast as one of seven entertainers who have signed on to undertake the same two-year military training program as regular soldiers. "For me it's huge." he said. "It's just sky-rocketed me through the roof in terms of work." "It's **mandatory** in South Korea for every male to do two years' military service. A lot of guys will go and live overseas and try and get out of it and it's changed people's way of thinking." "If this overweight guy from Australia can go and be in the Korean army, what's stopping anyone else from doing that? And I think that's really appealed to a lot of people."

Ms Russ said her son's decision to participate came as no surprise to her. "He'd always wanted to go into the Australian army but he'd been rejected because he had flat feet," she said. "But he does everything that the Korean army guys have to do. He's driven $6 million tanks and he's shot M15 rifles and he's been gassed and he's done all these incredible things in the show."

3. 한글 번역

호주인 교환 학생이 어떻게 한국의 브라운관에서 코미디의 왕이 되었나?

"내가 특별히 계획했던 것은 아니에요." 한국어를 유창하게 말하는 샘 해밍턴 씨(37)는 말한다. "그냥 어쩌다 보니 내가 거기에 빠져들었던 겁니다." 해밍턴 씨는 서울에서 코미디언, 배우 그리고 TV와 라디오 진행자로서 커다란 팬 층을 가지고 있다. 연예계에서 성공을 거둔 사람이 한 가족에서 두 명이나 나온 이야기를 〈Australian Story〉 방송이 조명한다. 해밍턴 씨는 예전에 〈Neighbours〉의 배역 감독을 맡았던 호주인 스타 제조기 Jan Russ 씨의 아들이다. Jason Donovan 씨는 Russ 씨에 대해 25년간의 〈Neighbours〉 직업을 통해서 호주의 많은 TV 스타와 영화배우를 키워낸 '조용한 기획자'라고 묘사한 바 있다.

해밍턴 씨는 13년 전에 Swinburne 공과대학(호주 멜버른 소재의 명문대학교)에서 비즈니스와 마케팅을 전공하고 한국어를 복수 전공으로 공부하다가 한국에 교환 학생으로 가게 되었다. 그의 재능이 발견될 수 있었던 것은 순전히 운이었다. 그는 서울에서 한 라이브 코미디 쇼를 관람하고 있었는데 도중에 관객 한 명이 무대 위로 올라와서 코미디언들과 함께 작은 코너를 같이하자는 요청이 있었다.

"나는 손을 들었죠. 아마 한국어를 할 줄 아는 외국인이 무대에 올라왔다는 것이 신기했을 거예요." 그는 말했다. 그리고 객석에는 작가와 감독들도 앉아 있었다. 그중한 분께서 한국어를 할 줄 하는 외국인을 쇼에 참여시키고 싶어 했다. 한국인들은 그걸 재미있게 봐 주었고 하나의 쇼가 계속해서 다음으로 이어지는 계기가 된 것이다.

한국에서 가장 인기 있는 외국인이 되기 위해 꿈을 좇다

그의 어머니인 Russ 씨는 "현재 그는 한국에서 가장 유명한 사람 중 한 명이에요. 사람들이 그의 사인을 받고 함께 사진을 찍자고 몰려들어 더 이상 그와는 함께 길거리를 걸을 수 없을 정도이죠."라고 말했다. "그의 소속사는 항상 그를 차에 태워서 이동해야만 해요. 왜냐하면 길거리에 나갈 수가 없기 때문이에요. 그는 이 나라에서 꿈을 이루고 있는 중입니다."

해밍턴 씨는 outsider와의 인터뷰에서 한국의 코미디는 유치한 부분이 많다고 밝혔다. "말장난이나 슬랩스틱이 매우 많아요. 상당 부분의 줄거리가 호주에서는 절대 먹히지 않을 만한 것들입니다." 반면 그는 한국에서 코미디언이 되는 것은 몹시 어렵다고 말했다. "방송 규제가 지나치게 많아요. 우선 비속어를 쓰면 안 되고, 꽤 많은 한국의 단어가 일본어에서 기원했는데 이런 것도 쓰면 안 됩니다. 최근까지도 성적인 비유를 절대 쓰면 안 되는 것은 물론이며 북한이나 정치 그리고 종교에 관해서는 정말로 조심해야 하죠. 반면에 자기비하(자학개그)는 정말로 많습니다."

그는 현재 한국에서 가장 시청률이 높은 리얼리티 방송 중 하나에 출연함으로써 외국인 중에서는 자신이 가장 인지도가 높다고 말했다.

'Baz Luhrmann의 영화 세트' 같은 결혼식

이러한 해밍턴 씨의 인기는 지난해 10월에 오랫동안 교제해 왔던 정유미 씨와 결혼하던 당시에 또 한 번 증명되었다. 해당 커플은 아주 큰 스케일로 한국 전통 방식의 혼례를 선택했고, 결혼식 장면이 전국에 생중계되기도 했다. 그날 신랑의 어머니로서 아주 고급스러운 옷(한복)을 입었던 Russ 씨는 "마치 Baz Luhrmann의 영화 제작 세트에 와 있는 것 같았다."라고 말했다.

"그리고 수백 명의 샘의 팬들과 많은 취재진이 몰려들었죠. 정말이지 보기 드문 행사였어요. 내 마음속 깊은 곳 어딘가에 한국인들을 위한 특별한 공간이 있어요. 나는 그들을 너무 사랑합니다. 왜냐하면 그들은 내 아들을 받아들여 주었고 그를 사랑해 주었기 때문이죠. 그 사실이 나에게 있어서는 무엇보다도 중요합니다."

〈진짜 사나이〉라는 방송에서 해밍턴은 군대에 입대한다

리얼리티 방송 프로그램인 〈진짜 사나이〉에 캐스팅된 해밍턴 씨는 총 일곱 명의 출연자들 중 한 명이며 그들은 정규 군인들이 2년 동안 받는 군사 훈련을 똑같이 받기로 계약했다. "나에게는 아주 큰 일입니다." 그는 말했다. "일에 관해서 나는 엄청난 도약을 했습니다. 모든 한국 남자들에게 2년간의 군 복무는 의무입니다. 수많은 청년이 외국에 가서 살면서 병역을 기피하려는 현상도 있는데 이 방송이 사람들의 생각을 많이 바꾸어 줬습니다. 호주에서 온 비만인 남자도 가서 버티는 한국 군대인데 그 누구라도 못하겠는가? 그리고 바로 그런 부분이 많은 이들의 마음을 사로잡은 것 같아요."

Russ 씨는 그녀의 아들이 이 방송에 출연하겠다고 결심한 것이 전혀 놀랄 일이 아니라고 말했다. "그는 항상 호주 군대에 입대하기를 원했지만, 평발을 가지고 있어서 거절당했었죠." 그녀는 말했다. "그러나 그는 한국군이 하는 모든 것을 소화해냅니다. 방송에서 그는 60억 원에 달하는 탱크를 몰고 M15 총을 쏘죠. 그리고 화생방 훈련을 포함해서 이런 엄청난 일들을 척척 해내고 있습니다."

4. Words&Phrases

1 **fluent**: 유창한, 달변의, 거침없는

2 **presenter**: 사회자, 발표자(다른 뜻: 제출자, 증여자, 고소인)

3 **originally**: 원래는, 최초에는, 처음에는

4 **by chance**: 우연히, 뜻밖에

5 **skit**: 풍자문, 촌극, 소희극(개그 무대의 한 코너 정도로 이해하면 될 것)

6 **novelty**: 새로움, 참신함, 신기함

7 **hilarious**: 유쾌한, 즐거운, 법석대는

8 **autograph**: 자필서명, 자서, 사인(서류나 편지 말미에 하는 서명은 signature 혹은 sign)

9 **comes across**: 이해되다, 특정한 인상을 주다

10 **juvenile**: 젊은, 연소자의, 소년소녀

11 **restrict**: 제한하다, 한정하다

12 **innuendo**: (라틴어) 암시하다, 넌지시 비치다, 빗대다

13 **big no-no**: 절대 안 된다는 것을 살짝 익살스럽게 강조하는 구어체적 표현

14 **self-deprecation**: 자기 경시, 자기비하(다른 뜻: 겸손)

15 **appearance**: 출현, 출연, 출석(다른 뜻: 외관, 겉보기, 용모)

16 **opt for**: ~를 선택하다

17 **barrage**: 포화를 퍼붓다, 일제 엄호 사격, 연발, 질문을 퍼붓다

18 **extraordinary**: 비상한, 보통이 아닌, 비범한, 현저한

19 **mandatory**: 의무적인, 강제적인, 명령을 받는

5. 영어로 기사를 써 보자

1) Hammington originally went to South Korea 13 years ago as an (   ).
   해밍턴 씨는 처음에는 13년 전에 한국에 **교환 학생**으로 간 것이었다.

2) He was discovered purely (   ).
   그의 재능이 발견될 수 있었던 것은 순전히 **운이었다**.

3) It's very (   ). There's no slang. A lot of Korean words have Japanese origins and you can't use them.
   방송 **규제**가 지나치게 **많아요**. 우선 비속어를 쓰면 안 되고, 꽤 많은 한국의 단어가 일본어에서 기원했는데 이런 것도 쓰면 안 됩니다.

4) The couple (   ) a traditional Korean wedding on a spectacular scale.
   커플은 아주 큰 스케일로 한국 전통 방식의 혼례를 **선택했다**.

5) It's (   ) in South Korea for every male to do two years' military service.
   모든 한국 남자들에게 2년간의 군 복무는 **의무이다**.

Music, fashion, drama: Indonesians 'falling in love' with South Korea

음악, 패션, 드라마: 인도네시아는 한국과 사랑에 빠졌다

Reporter: Indonesia correspondent, Samantha Hawley/4 Oct 2016

1. 기사 해설

'왜 인도네시아는 한류 열풍에 빠졌는가'를 주제로 Samantha Hawley, ABC 인도네시아 특파원이 쓴 기사이다. 인도네시아는 세계에서 인구가 네 번째로 많은 국가이며 엄청난 속도의 경제 성장률을 보여 주며 '포스트 차이나'로 주목받고 있는 국가이다. 한국을 찾는 외국인 관광객 중에서 인도네시아 국적의 방문객들이 전체 8위를 차지하고 있으며 향후 10년 내로 3위로 올라설 것이라는 전망이 있으므로 주목할 필요가 있는 국가이다.

2. 기사 본문

For thousands of young Indonesians, a nation 4,000 kilometres to the north is captivating their imaginations.

It seems South Korea has it all, and many things Indonesia does not, including Korean pop music.

In a central Jakarta shopping mall, Indonesian Korean **enthusiasts** arrived for a K-pop **competition**. One of the performers, 20-year-old Arthur Perdana, has the Korean style down pat — a bowl-style haircut, with a light orange **tinge** and green contact lenses. "I started with a strong interest in Korean culture and I was really interested in the language." he told ABC News just before taking to the stage.

"I just like to learn about their culture, I will take what is good and leave out what is bad."

For the young Indonesians, it seems to be all so good. While waiting for the show to start, 28-year-old Angel said: "First of all, I like the music and then I love the drama also and the K-pop stars and everything actually. And the food I also like."

There are no **official statistics** or Korean-love studies, but it is known in 2015, 220,000 Indonesians travelled to South Korea as tourists — a figure that is continuing to increase.

"Indonesians have all fallen in love with Korean television drama. Irma Maulida, an Indonesian woman from the Korean Tourism organization." said. "Compared to Indonesian drama, Korean drama has very good packaging and then there's the music, and the Koreans always looks so cute." "They're very cute in terms of appearance, the colour of their skin, the colour of their eyes, they're so cute."

> **NOTE** Cute는 일반적으로 '귀여운'이라는 뜻을 가지고 있으나 '빈틈없는' 혹은 '성적으로 매력적인'이라는 의미로도 자주 쓰인다.

Korean television series **Descendants** of the Sun, has been popular across South East Asia and has no less **appeal** in Indonesia, including for 19-year-old Jason.

But is it better than American TV?

"It is different, you can't really compare the two because Korean drama and American drama are **completely** different." he said. "American drama is more towards the western side and the Korean drama is more **catered to** Asians."

Alice and Alisha, both 13, prepared to take to the stage to perform their favoured K-pop routine. Thick black eye makeup, black lipstick, ripped jeans and **midriff T-shirts** give them the K-pop style they are after — one that is not often seen on the streets of majority-Muslim Jakarta, but much more widely accepted in downtown Seoul. "I have many friends in my school that like K-pop and K-drama, the music, the people, their culture, their entertainment." Alice explained.

And she likes it all, but could do nothing but **giggle** when asked if she also likes the handsome Korean boys.

3. 한글 번역

북쪽으로 약 4,000㎞ 떨어진 한 나라가 수많은 인도네시아 젊은이들의 마음을 사로잡았다.

한국이라는 나라는 인도네시아가 가지지 못한 모든 것을 다 가진 듯하다. 물론 K-pop도 포함해서 말이다.

자카르타에 있는 한 쇼핑몰 중심에서 열린 K-pop 경연 대회에 참가하기 위해 인도네시아의 소위 '한국광'들이 모였다. 참가자 중 한 명인 Arthur Perdana 씨(20)는 한국에서 유행하는 스타일의 헤어컷을 한 뒤 엷은 오렌지색으로 염색했고 또한 녹색 콘택트렌즈까지 착용하였다. 그는 무대 위로 올라가기 바로 직전에 ABC News와의 인터뷰에서 "나의 한국 문화에 대한 깊은 관심이 이걸 시작하게 된 계기이며 나는 한국어에도 상당한 관심이 있다."라고 말했다.

"나는 그들의 문화를 배우는 것을 즐겨요. 좋은 점들은 받아들일 것이며 나쁜 점이 있다면 그냥 거르면 되죠."

인도네시아의 젊은이들에게는 한국에 관한 모든 것이 좋아 보이는 것 같다. 행사가 시작되기를 기다리던 Angel 씨(28)는 말했다. "무엇보다도 나는 그들의 음악을 좋아하고 드라마나 K-pop 스타들도 사랑해요. 사실 모든 것이 다 좋아요. 그리고 한국 음식도 좋아합니다."

한국에 대한 사랑을 주제로 한 학문 분야가 따로 있거나 공식적인 통계가 있는 것은 아니지만, 2015년 한 해에 대략 22만 명의 인도네시아인이 관광 목적으로 한국을 방문한 것으로 알려져 있다. 또한 이 수치는 지속해서 증가하는 추세이다.

한국관광공사 소속의 인도네시아인 직원인 Irma Maulida 씨는 "인도네시아 사람들은 한국의 TV 드라마와 사랑에 빠졌다."라고 말했다. "인도네시아 드라마와 비교하면 한국 드라마는 너무나 좋은 콘텐츠를 가지고 있으며 음악도 좋고 게다가 한국인들은 너무나 매력적이에요. 그들은 너무나도 잘생긴 외모를 가지고 있어요. 피부색이며, 눈동자 색이며 그들은 너무 매력적이에요."

한국 드라마인 〈태양의 후예〉는 동남아 전역에서 엄청난 인기를 끌고 있으며 19살의 Jason 군을 포함해 인도네시아에서도 그 인기가 여느 나라 못지않다.

그런데 과연 미국의 드라마보다도 더 나을까?

"전혀 달라요. 양쪽을 단순 비교할 수는 없어요. 왜냐하면 한국 드라마와 미국 드라마는 완전히 다르기 때문이에요." 그는 말했다. "미국 드라마는 서양 문화권 중심이지만, 한국 드라마는 동양인들의 취향에 더 맞춰져 있어요."

올해 13세인 Alice와 Alisha는 그들의 K-pop 십팔번 노래를 선보이기 위해 무대에 오를 준비를 하고 있었다. 진한 검은 눈 화장, 검은 립스틱, 찢어진 청바지 그리고 미드리프 티셔츠는 그들이 추구하는 K-pop 스타일을 표현하고 있다. 무슬림이 주류인

자카르타의 길거리에서 자주 볼 수는 없으나 서울의 길거리에서는 흔히 볼 수 있는 것들이다. Alice는 "우리 학교에는 K-pop, K-drama, 한국 음악, 한국 사람, 한국 문화, 한국 언예세를 좋아하는 친구들이 많아요."라고 설명했다.

그리고 그녀 또한 이 모든 것을 좋아한다. 그러나 잘생긴 한국 청년들도 좋아하냐는 기자의 질문에 대해서는 그녀는 그냥 웃어 넘겨버렸다.

4. Words&Phrases

1 **enthusiast**: 광, 팬, 열중해 있는 사람

2 **competition**: 경쟁, 경연

3 **tinge**: 엷은 색, 물들이다, 빛깔을 내다

4 **official statistic**: 공식적인 통계

5 **descendant**: 자손, 후예(다른 뜻: 강하하는, 하강하는)

6 **appeal**: 매력, 마음을 끄는 힘(다른 뜻: 간청, 애원, 호소)

7 **completely**: 완전히

8 **catered to**: ～에 구미에 맞추다

9 **midriff T-shirts**: 상의를 살짝 드러내는 의상. '배꼽티'도 미드리프 탑의 한 종류라고 볼 수 있다

10 **giggle**: 낄낄거리며 웃다(한국어에서 'ㅋㅋ'의 느낌이라고 보면 이해가 쉬울 것이다)

5. 영어로 기사를 써 보자

1) In a central Jakarta shopping mall, Indonesian Korean (   ) arrived for a K-pop competition.
   자카르타에 있는 한 쇼핑몰 중심에서 열린 K-pop 경연 대회에 참가하기 위해 인도네시아의 소위 '한국**광**'들이 모였다.

2) There are no (   ) or Korean-love studies, but it is known in 2015, 220,000 Indonesians travelled to South Korea as tourists.
   한국에 대한 사랑을 주제로 한 학문 분야가 따로 있거나 **공식적인 통계**가 있는 것

은 아니지만, 2015년 한 해에 대략 22만 명의 인도네시아인이 관광 목적으로 한국을 방문한 것으로 알려져 있다.

3) It is different, you can't really compare the two because Korean drama and American drama are (　　　　) different.
전혀 달라요. 양쪽을 단순 비교할 수는 없어요. 왜냐하면 한국 드라마와 미국 드라마는 **완전히** 다르기 때문이에요.

4) American drama is more towards the western side and the Korean drama is more (　　　　) Asians.
미국 드라마는 서양 문화권 중심이지만, 한국 드라마는 동양인들의 **취향에 더 맞춰져 있어요**.

The South Korean singer who achieved global success because of her mother's love of Australian opera

조수미: 한국인 오페라 가수의 세계적인 성공은 그녀의 어머니가 호주 오페라를 사랑했기에 가능했다

Reporter: Alina Eacott/15 Jul 2018

1. 기사 해설

세계적인 오페라 가수 조수미 씨가 호주 투어 공연을 하면서 Alina Eacott 기자와 인터뷰한 내용을 기사로 옮긴 내용이다. 조수미 씨의 어머니께서 호주의 오페라 가수 Joan Sutherland의 열성 팬이어서 수미 씨가 어릴 적부터 Joan의 노래들을 외우고 다녔고 그래서 호주를 아주 친숙한 국가로 생각한다고 한다. Joan Sutherland(1923~2010년)는 대영제국 훈장과 오스트레일리아 최고 훈장을 받은 호주의 오페라 가수다.

2. 기사 본문

South Korean opera singer Sumi Jo is a Grammy winner, an Oscar nominee and has some 50 recordings to her name, but she was initially <u>reluctant</u> to pursue a career in opera.

The soprano said it was her mother who pushed her into singing. "She wanted to be an opera singer, but she was not able to make her dream come true because of the Korean War and many other difficulties that she had to go through." Sumi Jo said. "When I was born my **destiny** was already made because my mother clearly wanted me to be an opera singer, so there was no choice."

Her mother was a **devoted** fan of Australian diva Joan Sutherland. "She **memorised** all her songs, all the albums ⋯ everything she knows by memory, and I'm the same, so Australia for me is like a second home." she said.

Sumi Jo is in Adelaide for her Mad for Love tour around Australia. She'll be performing a repertoire of love songs alongside Argentine-Australian baritone Jose Carbo.

Elaborate gowns weigh up to 25 kilograms

Sumi Jo's performances aren't just about her voice though — her **extravagant** gowns are also part of the show. "People want to hear the beautiful voice, beautiful music, but at the same time they want to see the beautiful things." she said. She has travelled to Australia with five specially designed couture gowns, with the elaborate costumes weighing as much as 25 kilograms.

While in Adelaide, the South Korean opera star will perform with the Adelaide Symphony Orchestra. Concert Master Natsuko Yoshimoto said the concert will include a variety of songs and composers.

> **NOTE** Concert Master란 독일어의 콘체르토 마스터에서 유래된 말로, 관현악단(오케스트라)의 제1 바이올린의 수석 연주자를 가리킨다. 콘서트 마스터는 오케스트라 전체의 지도자 역할을 하는 인물로, 곡에 따라서는 바이올린의 독주부를 연주하며 때로는 지휘자를 대신하는 일도 있다.

"Spanish, also Italian, French, also I think she is singing some Korean folk songs, so a huge variety." Mr Yoshimoto said. "The orchestra will also play a couple of orchestra-only pieces." "I think that gives Sumi Jo time to change into different costumes."

Sumi Jo is currently based in Italy, while her mother **remains** in South Korea where sadly, she's <u>**suffering from Alzheimer's**</u>. "It's a pity that she cannot come to assist [with] my concert in Australia, she would have loved that," she said.

After Sunday night's performance in Adelaide, Sumi Jo travels to Melbourne, Sydney and Perth.

3. 한글 번역

한국의 오페라 가수 조수미 씨는 그래미상 수상자이며 오스카상 후보에 오른 적도 있다. 그리고 그녀의 이름으로 50개 정도의 음반을 발매했다. 하지만 그녀는 처음에는 오페라 가수의 길을 가는 것을 원하지 않았다고 한다.

그녀는 어머니가 자신을 가수의 길로 들어서도록 이끌었다고 말한다. "어머니의 원래 꿈이 오페라 가수가 되는 것이었어요. 그러나 그녀는 한국 전쟁과 그녀가 겪었던 여러 가지 다른 어려움 등으로 인해 꿈을 실현할 수가 없었죠." 수미 씨는 말했다. "내가 태어났을 때 내 운명은 이미 정해져 있었어요. 왜냐하면 우리 어머니는 너무나도 명확하게 내가 오페라 가수가 되기를 바랐거든요. 그래서 나에겐 선택권이 없었던 거나 다름없죠."

그녀의 어머니는 호주의 디바였던 Joan Sutherland의 열성 팬이었다. 수미 씨는 "그녀는 Joan의 모든 앨범에 담긴 모든 노래를 다 암기할 정도였죠. 그리고 그녀가 기억하던 모든 것들을 나도 따라서 기억했어요. 그러니 호주는 나에게 있어서는 제2의 고향과 같다고 할 수 있죠."라고 말했다.

조수미 씨는 Mad for Love 호주 투어 공연 중이고 현재는 에델레이드에 있다. 그녀는 아르헨티나 출신의 호주인 바리톤 Jose Carbo와 함께 Love songs 레퍼토리 공연을 선보일 것이다.

25kg에 달하는 화려한 무대 의상

조수미 씨의 공연에는 아름다운 목소리만 있는 것이 아니다. 그녀의 호화스러운 무대 의상들은 공연의 중요한 일부분이다. "사람들은 아름다운 목소리와 아름다운 음악을 듣기를 원하죠. 하지만 동시에 그들은 아름다운 것들을 보는 것도 원해요." 그녀는 말했다. 그녀는 이번 호주 투어를 위해서 25kg에 달하는 특별히 디자인된 다섯 벌의 고급 드레스와 무대 의상을 가져왔다.

한국의 오페라 스타는 에델레이드에 머무르는 도중에 에델레이드 심포니 오케스트라와 함께 공연도 할 것이다. Natsuko Yoshimoto 수석 연주자는 이 콘서트는 다양한 노래와 작곡가들을 포함해서 구성될 것이라고 말했다.

"내 생각에는 그녀가 스페인, 이탈리아, 프랑스는 물론이고 한국의 몇몇 가곡들도 부를 것 같네요." Yoshimoto 씨는 말했다. "관현악단은 오케스트라로만 구성된 무대도 선보일 것이고, 내 생각에는 이 시간 동안 조수미 씨가 무대 의상을 갈아입을 것 같습니다."

조수미 씨는 현재 이탈리아에서 살고 있다. 반면에 그녀의 어머니는 한국에서 지내고 있으며 불행하게도 지금 노인성 치매로 고통받고 있다. "내가 호주에서 콘서트를 하는데 어머니가 함께할 수 없다는 것은 참 슬픈 일이죠. 그녀가 함께했었다면 참 기뻐했을 것이에요." 그녀는 말했다.

조수미 씨는 일요일 밤에 있을 에델레이드에서의 공연을 마치고 나면 멜버른, 시드니 그리고 퍼스에서도 공연할 계획이다.

4. Words&Phrases

1 reluctant: 마음이 내키지 않는, 마지못해서 하는, 꺼리는

2 destiny: 운명, 팔자, 숙명

3 devoted: 헌신적인, 몰두한, 전념한

4 **memorise**: 기억하다, 암기하다, 외다

5 **elaborate**: 정교한, 공들인, 정성 들인(다른 뜻: 더 자세히 말하다)

6 **extravagant**: 낭비하는, 사치하는, 비싼

7 **remain**: 여전히 있다, 변함없이, 머무르다

8 **suffer from**: ~로 고통받다

9 **Alzheimer**: 알츠하이머, 노인성 치매

5. 영어로 기사를 써 보자

1) When I was born my (   ) was already made because my mother clearly wanted me to be an opera singer, so there was no choice.
내가 태어났을 때 내 **운명**은 이미 정해져 있었어요. 왜냐하면 우리 어머니는 너무나도 명확하게 내가 오페라 가수가 되기를 바랐거든요. 그래서 나에겐 선택권이 없었던 거나 다름없죠.

2) She (   ) all her songs, all the albums.
그녀는 Joan의 모든 앨범에 담긴 모든 노래를 다 **암기할** 정도였죠.

3) The (   ) gowns are also part of the show.
그 **호화스러운** 무대 의상들은 공연의 중요한 일부분이다.

4) Sumi Jo is currently based in Italy, while her mother remains in South Korea where sadly, she's (   ) Alzheimer's.
조수미 씨는 현재 이탈리아에서 살고 있다. 반면에 그녀의 어머니는 한국에서 지내고 있으며 불행하게도 지금 노인성 치매로 **고통받고 있다**.

K-pop agency behind Taiwanese star Chou Tzu-yu's flag row under cyber attack

대만인 K-pop 스타 쯔위 양의 깃발 사건 여파로 해당 소속사가 사이버 공격의 대상이 되고 있다

Reporter: Adam Connors/19 Jan 2016

---

1. 기사 해설

걸그룹 트와이스가 한 공중파 방송에 출연했을 때 대만인 멤버인 쯔위 양이 방송 콘셉트로 미리 준비해 두었던 대만 국기를 흔드는 장면이 전파를 타서 논란이 되었던 사건이 있었다. 이는 하나의 중국이라는 정책 때문에 국제사회에서 대만과 중국이 서로를 인정하지 않고 각자 자기가 오리지널 중국이라고 주장하는 배경 때문에 발생한 헤프닝이다. 쯔위가 방송에서 대만 국기(청천백일만지홍기)를 흔든 것이 중국 입장에서는 대만의 독립운동을 하는 것이라고 해석되어 그들의 분노를 샀기 때문이다. 문제의 본질은 대만과 중국의 관계가 얼마나 민감한 문제인지를 인지하지 못한 방송 제작진들의 실수였다. 사건이 있었던 뒤, 쯔위가 금방이라도 울음을 터뜨릴 듯한 얼굴로 꾸역꾸역 참아가며 사과를 하는 영상이 공개되었고 중국 시장과 마케팅을 염두에 둔 소속사로부터 사과할 것을 강요당한 것이 아니냐는 대중들의 질타가 이어졌다.

2. 기사 본문

A South Korean entertainment company criticised for its handling of a row over a teenage Taiwanese K-pop star's flag waving has had its website brought down by hackers, a spokesman says.

JYP Entertainment **released** a video of 16-year-old singer Chou Tzu-yu apologising for displaying the island's flag on the eve of Taiwan's election. The company, which represents Chou and her K-pop girl band Twice, said its website had been down since Saturday as the result of an **apparent** cyber attack. "We're working to fix the problem but we don't know how long it will take to **restore** it." a company **spokesman** said.

The company had been **accused of coercing** Chou into recording the apology after **footage** of her waving the Taiwanese flag in a skit with her band on South Korean television triggered an angry reaction in China — a key market for JYP. Leading up to the apology, JYP shares had dropped dramatically after losing major promotional contracts with Chinese and South Korean telecommunications companies, as well as **cancellations** of Twice performances on Chinese television.

In the apology video, officially issued by JYP from its YouTube account, a shaken-looking Chou bowed, apologized and stressed that there was "only one China." "The two sides of the Taiwan **Strait** are one." she read from a prepared **statement**, adding: "I will always consider myself as a Chinese person and feel proud of this." The move sparked a backlash in both Taiwan and South Korea, with complaints that Chou had been unfairly targeted, and criticism of JYP for **kowtowing** to China and **exerting undue** pressure on the girl.

Key candidates in the weekend's **Taiwan presidential and legislative election**, along with **incumbent** President Ma Ying-jeou, voiced their support for the K-pop star in the hours leading up to and throughout Saturday's polling. And when Taiwan's first female president-elect Tsai Ing-wen made her historic **acceptance speech** in front of international media after being swept to power in a **landslide victory** on Saturday, she felt **compelled** to address the issue. "It will serve as a constant reminder to me about the importance of our country's strength and unity." she said.

JYP Entertainment denied it had "forced" her to issue an apology, but **acknowledged** it was partly to her decision to do so. "Her parents visited Seoul and we had a three-way meeting with Chou and her parents," the company's spokesman said.

China's Taiwan Affairs Office, which leads negotiations in cross-strait issues, issued a statement on state media that the issue was being used to "stir up the feelings of people on both sides of the Taiwan Strait."

Taiwan election analysts have said the issue may have contributed as much as 1-2 percent of the **electorate's** vote to Ms Tsai, whose DPP traditionally backs independence for the **self-governed** island. But it is widely acknowledged that Ms Tsai campaigned for the presidency by **moderating** party rhetoric and promising to maintain the **status quo**.

3. 한글 번역

한국의 한 연예 기획사가 소속 가수인 대만인 K-pop 스타의 국기 소동에 미숙하게 대처했다는 비난을 받고 있으며 회사 공식 웹사이트마저도 해커들의 공격을 받아 다운되었다고 대변인을 통해 밝혔다.

JYP 엔터테인먼트는 올해 16세인 소속 가수 초우 쯔위 양이 대만의 선거를 하루

앞둔 상황에서 청천백일만지홍기를 흔드는 장면이 전파를 탄 것에 대해 사과하는 영상을 공개했다. 쯔위와 그녀가 소속된 그룹인 트와이스를 대표하는 이 기획사는 자신들의 웹사이트가 명백한 사이버 공격으로 인해 토요일부터 다운이 되었다고 밝혔다. 회사 측 대변인은 "우리는 이 문제를 해결하기 위해 노력하고 있지만, 복구가 되기까지 시간이 얼마나 걸릴지는 아직 알 수 없는 상황이다."라고 말했다.

해당 소속사는 쯔위 양이 그녀의 멤버들과 한국의 한 공중파 방송에서 대만 국기를 흔든 부분이 중국에서 큰 논란이 일자 그녀에게 사과 동영상을 촬영하도록 강요한 것이 아니냐는 비난을 받고 있다. 중국은 JYP의 중요한 시장이다. 중국과 한국의 통신회사들과의 대형 프로모션 계약이 파기된 것에 더해 중국의 방송에서 트와이스의 공연이 잇달아 취소되면서 동시에 JYP의 주가가 폭락했던 것이 결국 공식 사과를 하는 데까지 이르렀다고 보인다.

JYP의 공식 유튜브 계정을 통해 올라온 사과 동영상에서는 충격을 받은 듯한 표정의 쯔위 양이 고개를 숙이고 사과하며 "중국은 하나입니다."라는 부분을 강조했다. 그녀는 준비된 성명서를 읽어 나가며 "양안(대만 해협을 사이에 둔 두 나라, 즉 대만과 중국을 의미한다)은 단일 국가입니다."라고 입장을 밝히며 또한 "나는 항상 나 자신을 중국인으로 생각하며 이에 자부심을 느끼고 있습니다."라고 덧붙였다. 이러한 조치 이후, 쯔위가 부당하게 희생양이 되었다는 질타와 JYP 측에서 중국에 아첨하기 위해서 한 소녀에게 부적절하게 영향력을 행사했다는 비난의 여론이 높아지면서 대만과 한국 양국에서 큰 반발이 일어났다.

주말에 있었던 대만의 총통(대통령) 및 국회의원 선거의 주요 입후보자들과 현직 마잉주 대만 총통은 해당 K-pop 스타를 옹호하고 나섰으며 토요일 선거가 시작되기 전과 선거 진행 내내 그녀를 지지하는 목소리를 높였다. 토요일에 있었던 선거에서 큰 득표 차로 승리를 거두고 또한 대만 역사상 최초의 여성 총통으로 뽑힌 차이잉원 당선자는 수많은 내외신 언론들 앞에서 역사적인 수락 연설을 했다. 그녀는 이 사건을 말하지 않고 그냥 넘어갈 수 없었다. 그녀는 "나는 이번 일을 통해서 우리나라의 힘과 단결이 얼마나 중요한 것인지를 다시 한번 느끼게 되었습니다."라고 외쳤다.

JYP 측은 쯔위에게 사과를 강요한 것이 아니냐는 의혹에 대해서는 부인했지만, 그것이 (전적으로가 아닌) 부분적으로 그녀 스스로의 결정이었다는 점은 시인했다. 소속사의 대변인은 "그녀의 부모님들이 서울을 방문했고 우리는 쯔위와 그녀의 부모님과 함께 삼자 회의를 가졌다."라고 밝히기도 했다.

반면, 양안 간의 문제를 주도적으로 이끌어가고 있는 중국 국무원의 대만사무판공실은 국영 방송을 통해 공식 성명을 내고 해당 사건이 양안의 국민을 선동하는 데 이용되고 있다는 점을 지적했다.

대만의 선거 분석 전문가들은 이번 사태로 인해 유권자들의 투표가 대만의 자치와 독립을 내세우는 차이잉원 후보 쪽으로 약 1~2% 정도 더 기우는 데 영향을 주었을 것이라고 분석하고 있다. 반면에 이번 선거에서 차이잉원이 민진당(대만의 보수 진영)의 정치색을 확실히 드러내기보다는 비교적 온건한 콘셉트로 선거 캠페인을 했고 현상 유지를 하겠다는 전략을 펼쳤다는 것에 대해서는 큰 의견 차이가 없어 보인다.

4. Words&Phrases

1   **release**: 개봉하다, 발매하다, 공개하다(다른 뜻: 해방하다, 석방하다, 면제하다)

2   **apparent**: 확실히 보이는, 명백한, 판단 가능한

3   **restore**: 회복시키다, 복귀시키다, 반환하다

4   **spokesman**: 대변인

5   **accused of**: ~의 죄로 고발되다, ~로 비난을 받다

6   **coerce**: (힘, 권위를 이용하여) 강요하다, 억압하다, 억지로 시키다

7   **footage**: 영화의 특정한 장면, 동영상

8   **cancellation**: 취소, 해제, 말소

9   **strait**: 해협

10   **statement**: 성명(서), 진술, 발표

11   **kowtow**: 아첨하다, 머리를 조아리다(중국어에서 유래된 비격식 영단어)

12   **exert**: (위력, 권력) 발휘하다, 행사하다

13   **undue**: 적절하지 않은, 부당한(다른 뜻: 지나친, 과도한)

14 legislative: 입법, 입법부

15 incumbent: 현재의, 현직의

16 acceptance speech: (후보 지명 등의) 수락 연설

17 landslide victory: (선거 등) 압도적인 승리, 득표 차가 큰 승리

18 compel: ~하지 않을 수 없게 하다(다른 뜻: 억지로 시키다. 굴복시키다)

19 acknowledge: 인정하다, 시인하다

20 electorate: 선거민, 유권자

21 self-governed: 자치, 자치의

22 moderate: 절도를 지키는, 극단으로 가지 않는, 온건한

23 status quo: (라틴어) 현재 상태의, 현상 유지의

5. 영어로 기사를 써 보자

1) The company had been accused of (   ) Chou into recording the apology after (   ) of her waving the Taiwanese flag in a skit with her band on South Korean television triggered an angry reaction in China.

해당 소속사는 쯔위 양이 그녀의 멤버들과 한국의 한 공중파 방송에서 대만 국기를 흔든 부분이 중국에서 큰 논란이 일자 그녀에게 사과 **동영상**을 촬영하도록 **강요한** 것이 아니냐는 비난을 받고 있다.

2) The move sparked a backlash in both Taiwan and South Korea, with complaints that Chou had been unfairly targeted, and criticism of JYP for kowtowing to China and (   ) on the girl.

이러한 조치 이후, 쯔위가 부당하게 희생양이 되었다는 질타와 JYP 측에서 중국에 아첨하기 위해서 한 소녀에게 **부적절하게 영향력을 행사**했다는 비난의 여론이 높아지면서 대만과 한국 양국에서 큰 반발이 일어났다.

3) Key (   ) in the weekend's Taiwan presidential and legislative election, along with (   ) President Ma Ying-jeou, voiced their support for the K-pop star in the hours leading up to and throughout Saturday's polling.

주말에 있었던 대만의 총통(대통령) 및 국회의원 선거의 주요 **입후보자들**과 **현직** 마잉주 대만 총통은 해당 K-pop 스타를 옹호하고 나섰으며 토요일 선거가 시작되기 전과 선거 진행 내내 그녀를 지지하는 목소리를 높였다.

4) JYP Entertainment denied it had "forced" her to issue an apology, but (   ) it was partly to her decision to do so.

JYP 측은 쯔위에게 사과를 강요한 것이 아니냐는 의혹에 대해서는 부인했지만, 그것이 부분적으로 그녀 스스로의 결정이었다는 점은 **시인했다**.

5) But it is widely acknowledged that Ms Tsai campaigned for the presidency by moderating party rhetoric and promising to maintain the (   ).

반면에 이번 선거에서 차이잉원이 비교적 온건한 콘셉트로 선거 캠페인을 했고 **현상 유지를** 하겠다는 전략을 펼쳤다는 것에 대해서는 큰 의견 차이가 없어 보인다.

CHAPTER 4

문화
Culture

Kimchi: The spicy Korean side dish that's dealing with sudden fame

김치: 갑작스러운 유명세를 타고 있는 한국의 매운 반찬

ABC Life, Scott Mitchell/30 Oct 2018

1. 기사 해설

〈ABC Life〉라는 방송에서 2주에 한 번씩 Food File 시리즈라는 코너를 통해 다양한 음식을 소개하는데 김치가 다루어진 내용을 Scott Mitchell 기자가 칼럼 형식으로 쓴 기사이다. 호주뿐만 아니라 다양한 국가의 셰프들이 김치를 자신의 요리에 응용해서 쓰는 경우가 점점 늘어나면서 세계적인 요리 프로나 잡지에 김치가 소개되는 것이 드물지 않다. 특히 최근 들어서는 한국인들이 평균 수명이 높은 이유와 김치가 연관 지어지면서 건강식품으로 해외 미디어에 소개되는 경우도 종종 눈에 띈다.

2. 기사 본문

Chung Jae Lee says he never wanted to be a chef, but he didn't have much choice. He was born on the floor of his parent's restaurant in Seoul, in the kitchen.

It was September, autumn in Korea, and the family home had no heating. His parents had been sleeping by the stove to stay warm when his mother **went into labour.**

Today, Chung Jae is the head chef and owner of a Korean restaurant in Darwin. He says one of his earliest memories is helping his parents to make kimchi. "We would chop 200 **cabbages** together when we made a batch for the restaurant." he says. Kimchi is a salty and spicy pickle usually made with cabbage. It's both a **side dish** to eat alongside a main meal, and a **condiment** to add to soups, rice and noodles. But more than that, it's a massive part of Korean cultural **identity**, and it's also starting to gain popularity in other cuisines.

Lesson one: Making it at home vs. buying it

Kimchi is a big part of Korean cuisine — a South Korean government survey found 64 percent of the **population** ate kimchi at breakfast, lunch and dinner every day. There are plenty of ways to make it, too. Everyone interviewed for this story said there were more than 100 recipes for kimchi across north and south Korea. It's **traditionally** made in autumn by families, as a way of preserving cabbage for the winter months. "In the old days, to **ferment** the kimchi we would seal it in big jars and then bury them in the ground." says Chung Jae, describing a traditional method still used by some families in Korea today.

Daniel Kim used to work with the South Korean government as a food technologist involved in kimchi research and development. His work was of national importance — he looked for ways to improve the country's kimchi production and storage. He says **commercially** produced kimchi is becoming more available across Australia, in supermarkets and Asian grocers. "Even in Korea now, many people in the big cities, they buy their kimchi instead of making it." he says. "The kimchi that gets manufactured is now very good, there's not too much difference with the kimchi that is made at home."

Despite this, Daniel acknowledges that **modernisation** has come **at the price of** regional specialties. "When you tasted a family's kimchi, you would know where in the country they were from." he says of the kimchi he grew up eating. "But today, the recipes have become more and more similar. As people have moved to the cities, the ingredients have become the same."

Lesson two: Just remember, it's a side not a salad

If you're dining at a Korean restaurant, a main meal will almost always be accompanied by a selection of free pickles and salads, called 'banchan', and kimchi is always one of them. Chung Jae says eating it as a side isn't just the proper way to enjoy kimchi. "I've seen Aussies order it like a salad and try to eat it like that by itself." he says. "For me, it's much too salty for that. You should really eat it **alongside** something else." Another way to enjoy kimchi is to use it as a flavouring in the cooking process. Chung Jae says that adding it to fried rice, savoury pancakes and soups are common ways of cooking with it.

Peter Jo, a chef who owns a modern Korean restaurant in Melbourne, wasn't always a fan, especially as a kid. "I hated it. I didn't like spicy food." Peter says. "My parents did want me to eat it. They were sold on all the **health benefits** that many Korean parents believe in." "So, they fed me washed kimchi. They would just rinse it through **tap water** to get rid of the chilli." Peter has learned to love it, so much so that he now goes by the nickname 'Kimchi Pete' on social media.

Lesson three: Dealing with sudden **fame**

"When I opened my first restaurant in 2000, people had no idea what kimchi was." Chung Jae says. "Now they come, and if I change my kimchi recipe or try something new they say, 'Chung Jae, why doesn't this taste like your kimchi? What have you been up to?' They are very **savvy** now."

He says the increasing popularity of Korean cuisine in Australia is driving a bigger **appreciation** of kimchi. You can now find it at hip breakfast spots in jaffles or baked into waffles, as well as in burgers at fast food joints. Chung Jae doesn't feel **aggrieved** by this popularity, though. He's excited by it. "Sometimes I go to a restaurant or cafe and I have a dish with kimchi and I think, 'I don't think I could make it this way!' There are lots of really clever chefs here in Australia." he says. "I teach some of them how to make kimchi. They ask me how I make it and I'm always happy to share."

Peter Jo is more <u>circumspect</u>

"Recently I've been feeling that vibe, like it's being appropriated." he says. He says while it's exciting to see kimchi **embraced** by so many chefs, he finds the **misuse** of the term or an absence of technique particularly **frustrating**. "Kimchi isn't a dish, it's a technique." Peter explains. "Today, when you say 'kimchi' people think of this classic spicy Chinese cabbage kimchi, but that's only 120 or 130 years old." "I mean think about it: chilli and garlic have only been in the country [Korea] 200 years and we had kimchi prior to that."

Peter feels a responsibility to learn about other varities of kimchi, which have fallen by the **wayside** in recent years.

3. 한글 번역

이정재 씨는 원래 셰프가 되고 싶은 생각이 전혀 없었으나 딱히 다른 선택권이 없었다고 말했다. 그는 대한민국 서울 소재의 한 식당의 주방에서 태어났다.

때는 한국의 가을쯤인 9월, 그의 가족이 살던 집에는 난방이 되질 않았다. 그래서 그의 어머니가 산통을 겪고 있던 당시 그의 부모님은 몸을 따뜻하게 하려고 운영하던 식당의 주방 스토브 옆에서 잠을 잤다.

오늘날, 정재 씨는 호주 다윈에 소재한 한 한국 레스토랑의 수석 셰프이자 오너이다. 그는 아주 어릴 적 기억 중 하나가 부모님이 김치를 만드는 것을 돕던 것이라고 말했다. "우리는 식당에서 판매용으로 200여 포기의 배추를 함께 썰곤 했었죠." 그는 말했다. 김치는 배추로 만드는 짜고 매운맛이 나는 피클 정도로 생각하면 된다. 그것은 때에 따라 부수적인 반찬이 되기도 하고 또는 메인 반찬이 되기도 한다. 그리고 국이나 밥 또는 라면 등 면 요리에 들어가는 조미료 정도의 개념으로 쓰이기도 한다. 하지만 그 어떤 설명보다도 김치는 한국 문화의 독자성에 있어서 아주 큰 부분을 차지하며 세계적으로 다양한 음식 문화권에서도 인기가 날로 더해지고 있다.

레슨 1: 집에서 만들기 vs. 구매하기

김치는 한국 음식에서 큰 부분을 차지한다. 한국 정부의 조사에 의하면 64%의 인구가 김치를 매일 아침, 점심 그리고 저녁 세 끼에 꼬박꼬박 먹는다고 한다. 그것을 만드는 방법도 다양하다. 이번 인터뷰에 참가한 모든 사람이 공통으로 말하길 남북한을 통틀어 약 100가지가 넘는 김치 레시피가 있다고 한다. 전통적으로는 가을철에 가족들이 모여서 함께 만들고 이는 겨울철에 배추를 보관하기 위한 하나의 방법이었다. 정재 씨는 "예전에는 김치를 발효시키기 위해서 큰 통에다 담아서 밀봉하여 땅속에다 묻었고 요즘에도 어떤 가정에서는 이런 전통 방식을 고수하는 경우가 있습니다."라고 말했다.

Daniel Kim은 한국 정부에서 식품 공학자로 일했었고 김치 연구와 개발을 담당했었다. 그는 김치의 생산과 보관에 관한 여러 가지 연구를 했었고 그의 업무는 국가적으로도 중요한 의미가 있는 일이었다. 그는 상업적으로 생산된 김치가 호주에도 많이 퍼지고 있고 슈퍼마켓이나 아시안 푸드 가게에서도 쉽게 찾을 수 있다고 말했다. "심지어 근래에는 한국에서도 도시에 사는 많은 사람이 김치를 만드는 대신에 사서 먹어요." Daniel 씨는 "요즘은 판매용으로 만드는 김치들도 굉장히 먹을 만하고 집에서 만들어 먹는 것과 큰 차이가 없을 정도입니다."라고 말했다.

그럼에도 불구하고 그는 지역적 특색이 사라지는 등 현대화로 인해 치러야 할 대가는 분명히 존재한다고 말했다. "어떤 가족의 김치를 맛보는 것만으로도 그들의 고향이 어디인지 알 수 있던 때가 있었어요. 그러나 요즘은 많은 사람이 도시로 이주하면서

들어가는 재료가 같아지고 레시피도 점점 갈수록 비슷해져 가고 있습니다."

레슨 2: 김치는 반찬이지, 샐러드가 아님을 명심하라

당신이 한국 식당에서 식사할 때 메인 요리는 거의 항상 반찬이라 불리는 피클과 샐러드 등과 함께 나오며 이들은 공짜이다. 그리고 김치는 항상 그중 하나에 포함된다. 정재 씨는 김치를 반찬으로 따로 먹는 것은 제대로 먹는 것이 아니라고 말한다. "나는 호주 사람들이 김치를 샐러드처럼 주문해서 그것만 따로 먹으려고 하는 것을 자주 봤는데, 내가 보기엔 그렇게 먹으면 너무 짜요. 김치는 다른 음식을 먹을 때 함께 곁들여 먹는 것이 가장 좋죠." 김치를 즐기는 또 다른 방법으로는 조리 과정에서 조미료로 쓰는 것이다. 정재 씨는 볶음밥이나 맛있는 팬케이크(지짐) 혹은 국들을 요리하면 함께 먹는 것이 아주 흔한 것이라고 했다.

멜버른에서 한국 식당을 경영하고 있는 Peter Jo 씨는 어릴 적에 김치를 싫어했었다고 한다. "나는 김치를 싫어했었죠. 그뿐만 아니라 매운 음식 자체를 좋아하지 않았습니다." Peter 씨는 말했다. "나의 부모님은 내가 그걸 먹기를 원했는데 그건 김치가 건강에 좋다고 한국의 부모들이 믿고 있었기 때문이에요. 그래서 부모님은 김치를 씻어서 나에게 먹이곤 했죠. 그냥 수돗물에 김치를 씻어서 고춧가루를 없애는 식이었습니다." 나중에 Peter 씨는 점차 김치를 좋아하게 되었다. 심지어 지금 그는 소셜 미디어상에서 'Kimchi Pete'라는 닉네임을 사용할 정도로 김치를 사랑하는 마니아다.

레슨 3: 갑작스러운 유명세를 타다

정재 씨는 "내가 2000년도에 처음 가게를 오픈했을 때 손님들은 김치가 뭔지 아무도 몰랐어요."라고 말했다. 요즘 들어서는 내가 김치를 만드는 방법을 바꾸기라도 하면 손님들이 "정재 씨, 왜 당신의 김치 맛이 안 나죠? 무슨 일이 있었던 거에요?"라고 물을 정도죠. 그만큼 이제는 미묘한 맛의 차이도 알 정도로 지식과 경험이 있는 손님들이 많아요.

그는 호주 내에서 날로 늘어가고 있는 한국 음식의 인기가 김치의 진가를 알리는 원동력이라고 말한다. 이제 당신은 인기 있는 브런치 카페들에서 김치가 샌드위치나 와플과 함께 나오는 것이나 패스트푸드 가게에서 햄버거와 함께 나오는 것을 볼 수도 있다. 정재 씨는 이러한 김치의 인기에 대해 일종의 위기의식을 느끼기보다는 오히려 기분이 아주 좋다고 한다. "가끔 내가 레스토랑이나 카페에 가서 김치를 주문해서 먹어 보면 나는 이런 방식으로 만든다는 것을 상상도 못 해 봤다는 생각이 들 정도이죠. 호주에는 정말 똑똑한 셰프들이 많습니다. 그리고 나는 그들에게 김치를 만드는 방법을 가르쳐 주죠. 그들이 물어보면 나는 언제라도 기꺼이 비법을 공유할 의향이 있습니다."

Peter Jo 씨는 좀 더 신중한 시각을 가지고 있다

"최근에 나도 김치가 여기저기서 사용되는 그런 분위기는 느끼고 있습니다." 그는 말했다. 그는 "김치가 많은 셰프에게 받아들여지고 있는 것을 지켜보는 것이 분명 기분 좋은 일이기는 하지만, 한편으로는 김치라는 단어가 잘못 오용되고 있거나 혹은 기본적인 실력이 전혀 뒷받침되어 있지 않은 것을 보면 씁쓸하기도 합니다."라고 말했다. "김치는 그냥 음식이 아니에요. 그것은 예술적인 솜씨가 요구됩니다." Peter는 말했다. "오늘날 보통 김치를 말하면 사람들은 매운 전통 중국식 배추김치를 떠올리는데 그러나 그건 단지 120년에서 130년 정도의 역사만을 가지고 있어요. 생각해 보세요. 고추와 마늘이 한반도에 들어온 지 약 200년 정도 되었지만 우리는 그 이전부터 김치를 먹어 왔습니다."

Peter 씨는 최근에 사람들의 관심에서 멀어진 더 다양한 김치의 종류를 배우고 지켜야 할 책임감을 느낀다고 밝혔다.

4. Words&Phrases

1 **go into labour**: 진통하다, 산기가 있다, 출산으로 인해 고통을 겪다

2 **cabbage**: 양배추

3 **side dish**: 곁들이는 요리(주된 요리가 아닌)

4 **condiment**: 양념, 향신료

5 **identity**: 신원, 정체, 독자성, 개성, 주체성

6 **cuisine**: 요리법, 조리법, (음식점의) 요리

7 **population**: 인구, 주민 수, 개체군 수

8 **traditionally**: 전통적으로

9 **ferment**: 발효시키다, 효모, 효소

10 **commercially**: 상업적으로

11 **modernisation**: 현대화, 근대화

12 **at the price of**: ～대한 가격, ～로 치러야 할 대가

13 **alongside**: 옆에, 나란히, 부근에, ～와 함께

14 **health benefit**: 건강상의 이익

15 **tap water**: 수돗물

16 **fame**: 명성, 명망, 평판

17 **savvy**: 경험에 의한 지식, 경험이 풍부한, 잘 아는, 잘 다루는

18 **appreciation**: 진가를 알다, 감사하다(다른 뜻: 비평, 평가, 의견, 자산가치의 상승)

19 **aggrieved**: 감정을 상한, 괴로워하는, 불만을 가진

20 **circumspect**: 신중한, 조심성이 많은

21 **embrace**: 포용하다, 받아들이다, 껴안다

22 **misuse**: 오용, 악용, 남용

23 **frustrate**: 좌절하다, 실망하다

24 **wayside**: 길가, 길가에, 중심에서 밀려나다, 관심이 멀어지다

5. 영어로 기사를 써 보자

1) But more than that, it's a massive part of Korean (   ), and it's also starting to gain popularity in other cuisines.
   하지만 그 어떤 설명보다도 김치는 한국 **문화의 독자성**에 있어서 아주 큰 부분을 차지하며 세계적으로 다양한 음식 문화권에서도 인기가 날로 더해지고 있다.

2) Kimchi is a big part of Korean (   ) — a South Korean government survey found 64 percent of the (   ) ate kimchi at breakfast, lunch

and dinner every day.

김치는 한국 **음식**에서 큰 부분을 차지한다. 한국 정부의 조사에 의하면 64%의 **인구**가 김치를 매일 아침, 점심 그리고 저녁 세 끼에 꼬박꼬박 먹는다고 한다.

3) He says (   ) kimchi is becoming more available across Australia, in supermarkets and Asian grocers.

그는 **상업적으로 생산된** 김치가 호주에도 많이 퍼지고 있고 슈퍼마켓이나 아시안 푸드 가게에서도 쉽게 찾을 수 있다고 말했다.

4) Despite this, Daniel acknowledges that (   ) has come at the price of regional specialities.

그럼에도 불구하고 그는 지역적 특색이 사라지는 등 **현대화**로 인해 치러야 할 대가는 분명히 존재한다고 말했다.

5) He finds the (   ) of the term or an absence of technique particularly frustrating.

그는 김치라는 단어가 잘못 **오용**되고 있거나 혹은 기본적인 실력이 전혀 뒷받침되어 있지 않은 것을 씁쓸해한다.

Taekwondo classes helping kids with disabilities break down boundaries

장애 아동들의 한계를 넘는 데 도움이 되는 태권도 수업

Reporter: Tahlia Roy/28 Oct 2018

---

1. 기사 해설

Nicola Harrod 관장은 선천적으로 자폐증과 뇌성마비를 가지고 태어났고 어린 시절에 수많은 무시를 받아가면서도 평범한 사람들과 섞여서 태권도 검은 띠를 따기 위해 노력했다. 그녀가 캔버라에서 장애가 있는 아동들만을 대상으로 한 태권도 도장을 열어서 지역 사회에 도움이 되고 있다는 훈훈한 스토리를 전한다.

2. 기사 본문

A group of mothers watch on in a Canberra <u>martial arts</u> studio, overjoyed their kids have found somewhere they can be themselves.

They are sitting in a taekwondo class in Canberra, which has helped kids with a disability improve **<u>concentration</u>** and curb **<u>aggression</u>**.

Nicola Harrod set up No Limits taekwondo after hearing stories of children with **<u>disabilities</u>** being asked to leave **<u>mainstream</u>** martial arts classes, which she thinks is because they are **<u>perceived</u>** as "**<u>disruptive</u>.**" "They have enough trouble in their everyday life just to be included in anything." she said.

Ms Harrod understands what that feels like. Born with **<u>cerebral palsy</u>** and **<u>autism</u>**, she spent her childhood moving up the ranks of taekwondo until she became a black belt. She fought against the barriers in some mainstream classes that she described as "too traditional and strict." "I was told that 'if you can't do this kick, then you cannot grade. It's not possible. I don't care what doctors certificate you provide.'" she said.

Ms Harrod started running the classes at the Palmerston Community Centre in north Canberra early this year. She teaches students aged six to 10 — all with different abilities. The group is kept small to maximise support, while Ms Harrod has help instructing from her husband, Houssam Shebaily.

Concentration and discipline improve quickly, parents say

Seven-year-old Jasper Smith's mother, Donna, said the class had already helped improve her son's concentration and **discipline** at school. She hoped in time he would also build **resilience** and skills in **self-defence**. "My fear is when he grows up, he's going to be picked on and this is one thing that he might remember what to do." Ms Smith said.

Parents of several students told Ms Harrod their children had become less aggressive or violent at school since attending her classes. "A lot of them have started to get **reductions** in how often they're fighting, or they've started using other methods instead, like gently blocking the other person rather than punching them back." she said.

Six-year-old Thomas Heath, the youngest student, was a ball of energy and enthusiasm during one class. He quickly picked up the kicks, steps and punches. It was only his second week but his mother, Cassandra, said his behaviour at school had already **transformed**. "Thomas is quite aggressive in the classroom." she said. "And this last week his aggression has reduced, which is amazing."

3. 한글 번역

한 무리의 어머니들이 캔버라 무술 도장에서 본인들의 모습을 있는 그대로 드러낼 수 있는 장소를 찾은 자신의 아이들을 바라보며 기뻐하고 있다.

그들은 캔버라에 소재한 한 태권도 도장에 앉아서 장애가 있는 자녀들의 집중력을 향상시켜 주고 공격성을 완화시켜 주는 태권도 수업을 참관하고 있다.

Nicola Harrod 씨는 주류를 이루는 무술 도장들에서 장애가 있는 아이들을 받아 주지 않는다는 소리를 듣고 난 후 '한계가 없는 태권도'라는 수업을 창시했다. 그녀는 이러한 현상이 보통의 무술 도장은 장애 아동이 방해가 된다고 인식하기 때문이라고 생각한다. 그녀는 "그들은 이미 하루하루 삶 속에서 단지 어딘가에 속하기 위해 노력하는 것만으로도 충분한 고생을 하고 있어요."라고 말했다.

Harrod 씨는 그 심정을 누구보다 잘 이해한다. 선천적으로 뇌성마비와 자폐증을 가지고 태어난 그녀는 어린 시절을 검은 띠를 딸 때까지 태권도 급수를 올리는 것으로 보냈다. 그녀는 아주 전통적이고 보수적이라고 여겨지는 주류의 태권도 수업에서 편견과 싸웠던 경험이 있다. "나는 '네가 이 발차기를 할 수 없다면 승급을 할 수 없다. 그것은 불가능한 일이다. 의사들이 너한테 무슨 진단을 내렸는지는 내가 알 바가 아니다.'라는 소리까지 들어가며 배웠다." 그녀가 말했다.

Harrod 씨는 노스 캔버라에 위치한 파머스톤 커뮤니티 센터에서 올해 초부터 도장을 운영하기 시작했다. 그녀가 가르치는 아이들의 연령대는 6세에서 10세 사이이며 모두 각기 다른 장애가 있는 아동들이다. Harrod 씨는 아이들에게 최대한 많이 신경을 써 주기 위해서 소수의 인원을 고집하며 또한 그녀의 남편인 Houssam Shebaily 씨도 아이들 지도에 도움을 주고 있다.

학부모들은 집중력과 절제력이 아주 빠른 속도로 좋아지고 있다고 입을 모은다

올해 일곱 살인 Jasper Smith 군의 어머니 Donna 씨는 그녀의 아들이 태권도를 배운 뒤 학교생활을 하는 데 있어서 집중력과 절제력이 많이 향상되었다고 말했다. 그녀는 Jasper가 곧 탄력성(쉽게 상처받지 않고 회복력이 빠른 성격)이나 호신술의 기술들도 배워나가길 바란다. Donna 씨는 "내가 걱정하는 것은 우리 아들이 크면 (놀림감이나 학교폭력 등의) 표적이 될 것이고 지금 배운 호신술을 그때 가서도 기억했으면 한다."라고 말했다.

여러 아이의 학부모들이 Harrod 씨에게 자기 자녀들의 공격성이나 폭력성이 태권도 수업을 듣고 난 후로 많이 줄어들었다고 말했다. "많은 아이가 싸우는 횟수가 확실히 줄어들고 그 대신 다른 방법을 사용한다. 예를 들면 상대방을 뒤로 밀치기보다는 넌지시 상대방을 가로막는 식이다." 그녀는 말했다.

올해 여섯 살이고 클래스에서 가장 나이가 어린 Thomas Heath 군은 수업 도중에 활기와 에너지가 넘친다. 그는 발차기와 스텝 그리고 정권 지르기 등을 빠르게 습득하고 있다. 그의 어머니 Cassandra 씨는 이제 시작한 지 2주밖에 안 됐는데도 아이가 학교에서 하는 행동이 바뀌었다고 한다. "Thomas는 교실에서 꽤 공격적인 아이에요. 그런데 지난주부터 그의 공격성이 많이 줄었죠. 이건 놀랄 만한 일이에요." 그녀는 말했다.

4. Words&Phrases

1 **martial arts**: 무술

2 **concentration**: 집중, 집중상태, 전념

3 **aggression**: 침략 행위, 부당한 공격, 공격성

4 **disability**: 무력, 신체장애, 장애

5 **mainstream**: 주류, 대세, 정통파의

6 **perceive**: 이해하다, 알아채다, 인지하다, 분간하다

7 **disruptive**: (행동, 영향) 파괴적인, 붕괴를 초래하는

8 **cerebral palsy**: 뇌성마비

9 **autism**: 자폐증, 자폐

10 **discipline**: 규율, 훈련, 질서, 통제, 훈육(다른 뜻: 징계, 징벌, 역경)

11 **resilience**: 탄성력, 복원력, 회복력, 쾌활, 활기

12 **self-defence**: 자기방어, 정당방위, 호신술

13 **reduction**: 축소, 감소, 할인

14 **transform**: 상태를 바꾸다, 변형시키다, 변환하다, 변압하다

5. 영어로 기사를 써 보자

1) They are sitting in a taekwondo class in Canberra, which has helped kids with a disability improve (   ) and curb (   ).
그들은 캔버라에 소재한 한 태권도 도장에 앉아서 장애가 있는 자녀들의 **집중력**을 향상시켜 주고 **공격성**을 완화시켜 주는 태권도 수업을 참관하고 있다.

2) Born with cerebral palsy and (   ), she spent her childhood moving up the ranks of taekwondo until she became a black belt.
선천적으로 뇌성마비와 **자폐증**을 가지고 태어난 그녀는 어린 시절을 검은 띠를 딸 때까지 태권도 급수를 올리는 것으로 보냈다.

3) She hoped in time he would also build resilience and skills in (   ).
그녀는 Jasper가 곧 탄력성이나 **호신술**의 기술들도 배워나가길 바란다.

4) It was only his second week but his mother, Cassandra, said his behaviour at school had already (   ).
그의 어머니 Cassandra 씨는 이제 시작한 지 2주밖에 안 됐는데도 아이가 학교에서 하는 행동이 **바뀌었다**고 한다.

AlphaGo victory raises concerns over use of artificial intelligence on stock market

알파고의 승리 이후, 주식 시장에서의 인공지능 사용에 관한 우려의 목소리

Reporter: Heidi Pett/23 Mar 2016

1. 기사 해설

알파고 대 이세돌의 딥마인드 챌린지 매치는 2016년 3월 9일부터 15일까지, 하루한 차례의 대국으로 총 5회에 걸쳐서 서울의 포시즌스 호텔에서 진행된 이세돌과 알파고 간의 바둑 대결이다. 최고의 바둑 인공지능 프로그램과 바둑 최고 인간 실력자의 대결로 주목을 받았으며, 최종 결과는 알파고가 4승 1패로 이세돌에게 승리하였다. 이 역사적인 대결을 바탕으로 인공지능이 향후 주식 시장에 미칠 수 있는 영향도 함께 살펴본다.

2. 기사 본문

When Google's AlphaGo program beat grandmaster Lee Se-Dol four games to one, both programmers and professional Go players were surprised.

The general **consensus** was that it would be years before a computer could defeat a human at the complex board game, which players describe as requiring **elegance** and imagination.

Director of the MARCS Institute for Brain, Behaviour and Development and electrical engineering professor, Jon Tapson, said AlphaGo's victory was cause for a **re-evaluation** of how we use **artificial intelligence**(AI). "They could find ways of **manipulating** the stock market — maybe by buying and selling shares in rapid succession to create the illusion of a change in market sentiment," he said.

"That's not only **unethical**, it's illegal." He said unless there was reason to go looking, it was unlikely humans would notice that kind of behaviour, and that it would be difficult to program or **regulate** the actions of an AI if we do not know how it makes decisions. "We think there's nothing an AI can do that we wouldn't have thought of." Professor Tapson said. "They may not have **intuition** and imagination in the way that we do but they can come up with things that we can't even imagine."

How AlphaGo beat grandmaster Lee Se-Dol

AlphaGo is a product of Google's DeepMind project, **established in** London in 2010. The program practised the game through a process called **reinforce-ment** learning, playing millions of games against itself. At one point, it played a move so surprising that Mr Lee left the room for fifteen minutes in order to regain his **composure**.

Professor Tapson said AlphaGo knew it was a **radically** surprising move. "When [AlphaGo's programmers] analysed what it was thinking — if you can call it that — when it made its most **audacious** move, the one that shocked everybody, it had computed there was less than one in ten thousand chance of human performing it." he said. What is unclear is whether the program played that move because it knew it was unusual, or despite it.

The role of AI in the 2010 'flash crash'

In May 2010 there was a massive, almost instant, sell off in US stocks that then **bounced back** within minutes. Investigators later found the **interaction** of algorithms engaged in high frequency trading had **exacerbated** the incident.

> **NOTE** flash crash는 갑작스러운 붕괴란 뜻으로 2010년 5월 6일경에 다우지수가 거래 종료를 15분 남기고 순간적으로 998.5포인트나 폭락한 사건에 붙여진 이름이다.

Professor Tapson said as AIs become more creative in completing the tasks they are programmed to do — there is a chance they will find ways of manipulating the market that humans have never thought of. "Everybody understands it was an accident, but who's to say that somebody won't find a more **subtle** way?" he said.

"Twenty dollars to two cents is obvious, but $20 to $19 is just a stock market price move and nobody's going to pay any attention to that."

3. 한글 번역

구글의 알파고 프로그램이 이세돌 9단을 4 대 1로 이긴 것은 프로그래머들과 바둑 기사들 모두를 놀라게 했다.

바둑 기사들의 말에 따르면 정확성은 물론 상상력도 요구된다고 하는 이러한 복잡한 보드게임에서 컴퓨터가 인간을 이기려면 아직 몇 년은 더 걸리리라는 것이 일반적인 여론이었다.

두뇌, 행동 개발을 위한 MARCS 연구소의 국장이자 전기 공학 교수인 Jon Tapson 박사는 "알파고의 승리는 우리가 인공지능을 어떻게 사용해야 하는가에 대해 재평가를 하는 계기가 되었다."라고 밝혔다. 그는 "누군가는 주식 시장을 조작할 방법을 찾아낼 수도 있어요. 아마도 주식을 아주 빠르게 매수/매도를 하여 장내 분위기 변화에 대해 착각을 일으키게 할 수도 있습니다."라고 말했다.

그는 "그것은 비윤리적인 것일 뿐만 아니라 불법이죠. 우리가 집요하게 파고들 만한 어떤 이유가 있지 않은 이상 인간이 이러한 조작들을 인지하는 것은 매우 어렵습니다. 그리고 해당 AI가 어떠한 의사결정 구조를 가졌는지를 모른다면 그들의 행동을 통제하거나 규제하는 것도 어려울 것입니다."라고 덧붙였다. Tapson 교수는 "우리는 우리가 생각하지 못한 것들을 AI가 할 수는 없다고 생각합니다. 그러나 그들은 우리가 가진 직관력이나 상상력을 가질 수 없을런지는 모르나 우리가 상상조차 못 한 형태의 무언가를 창조해 낼 수도 있죠."라고 말했다.

알파고는 어떻게 이세돌 9단을 이겼나

알파고는 2010년에 런던에서 설립된 구글의 딥마인드 프로젝트의 결과물이다. 이 프로그램은 강화학습(RL)이라 불리는 과정을 통해 게임을 연습하는 것이다. 말하자면 프로그램이 자기 자신을 상대로 수백만 회의 게임을 하는 것이다. 대국이 진행되던 중 한 번은 알파고가 아주 놀라운 수를 두었고 이에 이세돌 9단이 당황하여 평정심을 되찾을 약 15분간의 시간 동안 대국장을 나가버리는 상황도 벌어졌다.

Tapson 교수는 알파고가 그것이 놀랄 만큼 극단적인 수라는 것을 알고 있었다고 말했다. "경기 후 프로그래머는 알파고가 무슨 생각을 하고 있었는지 분석을 했고 (당신이 이 표현에 동의한다면) 알파고가 모두를 깜짝 놀라게 했던 가장 창의적인 그 수를 둘 때 프로그램은 인간들이 이 수를 둘 경우가 만 분의 일도 안 된다는 것을 이미 계산을 끝마친 상태였죠." 그는 말했다. 다만 프로그램이 그 수를 둔 것이 평범하지 않음을 알고 한 것인지, 아니면 평범하지 않음에도 불구하고 한 것인지는 아직 확실하지 않은 부분이다.

2010년 'flash crash'에서의 AI의 역할

2010년 5월 미국의 증권 시장에서 엄청난 양의 주식 매도가 순식간에 이루어진 후 몇 분 지나지 않아 곧바로 원상 복구되었던 일이 있었다. 그 후 조사관들에 의해 높은 빈도의 거래와 연계된 알고리즘들의 상호작용이 상황을 악화시켰다는 것이 밝혀졌다.

Tapson 교수는 "프로그램이 시키는 일을 수행하는 과정에서 AI들의 창의성이 갈수록 늘어가고 있으며 그들이 인간들은 상상조차 하지 못한 시장 조작을 하는 방법을 찾아낼 가능성도 있습니다."라고 밝혔다. "모두 그 사건이 사고라고 하며 넘어갔지만, 그 누군가가 더 교묘한 방법을 찾지 말란 법이 있는 건 아니죠." 그는 말했다.

"20달러에서 2센트로 급감하는 것은 금세 티가 나겠지만, 20달러에서 19달러로 조작한다면 일반적인 수준의 주식 시장의 패턴이므로 누구도 관심을 가지지 않을 것이니 말입니다."

4. Words&Phrases

1 **consensus**: 의견 등의 일치, 대다수의 의견, 총의, 합의, 여론

2 **elegance**: 우아함, 단정한, 기품 있는, 세련된

3 **re-evaluation**: 재평가하다

4 **artificial intelligence**: 인공 지능(AI)

5 **manipulate**: 교묘하게 조종하다, 조작하다, 속이다(다른 뜻: 잘 다루다, 능숙하다)

6 **unethical**: 비윤리적인

7 **regulate**: 규제하다, 통제하다(다른 뜻: 조절하다, 조정하다)

8 **intuition**: 직관, 직관적 지식, 직감

9 **established in**: ~이 설립되다, 창설되다, 수립되다

10 **reinforcement**: 강화, 보강, 증원

11 **composure**: 침착, 평정심, 태연함

12 **radically**: 과격하게(다른 뜻: 근본적으로, 원래)

13 **audacious**: 독창성이 풍부한, 창의적인(다른 뜻: 대담한, 호기로운, 넉살 좋은)

14 **bounced back**: 회복, 경기 반등

15 **interaction**: 상호작용, 상호영향

16 **exacerbate**: (병 등을) 악화시키다, 싸움을 부채질하다

17 **subtle**: 미묘한, 교묘한, 포착하기 어려운

5. 영어로 기사를 써 보자

1) Behaviour and Development and electrical engineering professor, Jon Tapson, said AlphaGo's victory was cause for a (　　　　) of how we use (　　　　) (AI).

두뇌, 행동 개발을 위한 MARCS 연구소의 국장이자 전기 공학 교수인 Jon Tapson 박사는 "알파고의 승리는 우리가 **인공지능**을 어떻게 사용해야 하는가에 대해 **재평가**를 하는 계기가 되었다."라고 밝혔다.

2) They could find ways of (　　　　) the stock market.

누군가는 주식 시장을 **조작할** 방법을 찾아낼 수도 있어요.

3) That's not only (　　　　), it's illegal.

그것은 **비윤리적인** 것일 뿐만 아니라 불법이죠.

4) They may not have (　　　　) and imagination in the way that we do but they can come up with things that we can't even imagine.

그들은 우리가 가진 **직관력**이나 상상력을 가질 수 없을런지는 모르나 우리가 상상조차 못 한 형태의 무언가를 창조해 낼 수도 있죠.

5) In May 2010 there was a massive, almost instant, sell off in US stocks that then (　　　　) within minutes.

2010년 5월 미국의 증권 시장에서 엄청난 양의 주식 매도가 순식간에 이루어진 후 몇 분 지나지 않아 곧바로 **원상 복구**되었던 일이 있었다.

South Korean general recognises war veterans in Hobart

한국의 장군이 호주군 6·25 참전용사들에게 훈장을 수여하다

Reporter: Ted O'Connor Updated/21 May 2016

---

1. 기사 해설

호바트시 '한국의 뜰'에서 권영해 전 국방부 장관, 호주군 한국전 참전용사와 가족 등 100여 명이 참석한 가운데 호주군 한국전 참전비 표지석 제막식을 가졌다. '한국의 뜰'은 1951년 4월 24일에 벌어진 가평 전투를 기려 매년 이맘때가 되면 참전용사들이 모여서 서로 안부를 물으며 전우들을 추모하는 한국 전쟁 참전 추모공원이다. 이 전투에서 호주군은 32명이 전사했다. 이날 80세를 넘긴 토니 오크포트 호주군 한국전 참전용사는 눈시울을 붉히며 감사의 뜻을 표하고 "젊은 시절 우리의 행동이 옳았다는 것을 확인받는 순간"이라며 기쁨을 감추지 않았다.

2. 기사 본문

A retired high-ranking South Korean general has recognised 12 veterans of the Korean War at a ceremony in Hobart.

Kwon Young Hae — a former **defence minister** and national intelligence services director — **paid tribute to** the courage of the Australian soldiers. The men, now well into their 80s, are among 40,000 surviving **veterans** across the world to receive special medallions. The presentations were made in front of family and friends at Korean Grove, where 22 Tasmanians who died in the war are **commemorated**.

A **delegation** from Kapyong **Country** visited Hobart for the ceremony and **unveiled** a series of plaques made from **granite** mined from the area. The plaques **shed light on** a significant battle in the war fought at Kapyong in 1951, claiming the lives of 32 Australian soldiers. Their efforts helped hold off advancing Chinese troops, which were threatening to take the southern capital Seoul.

> **NOTE** 가평 전투는 1951년 4월 23일부터 사흘간 중공군의 춘계 대공세를 맞아 영연방 제27여단(영국 미들섹스 대대, 호주 왕실3 대대, 캐나다 프린세스 패트리샤 2대대, 뉴질랜드 16포병 연대) 장병들이 북면 일대에서 1만여 명의 중공군을 상대로 격전을 벌여 승전을 거둔 전투다. 이 전투는 중공군에 막대한 피해를 안겨줬다.

With the help of a translator, Mr Kwon said the Australians who died sacrificed themselves in a key **strategic battle**. "Because of the **courageous** Australian troops — they gave us **momentum**." he said. "That's what made today's Koreans enjoy our freedom and peace." Kapyong Mayor Kim Sungki said South Koreans owed a great debt to Australian soldiers. "So many Australian soldiers died in Kapyong." he said.

Hobart City Council Alderman Damon Thomas said the ceremony was a **once-off**. "Most of those veterans spent 50 years accepting that this was the forgotten conflict and that their injuries and in some cases their **comrade's** death would never be remembered." he said.

> **NOTE** Alderman은 과거 잉글랜드 및 웨일스에서 부시장이라는 의미로 쓰였고 현재는 보통 캐나다와 호주에서 시의회 의원 직책을 지칭한다.

He said the council and Kapyong Council were also using the visit to **strengthen** diplomatic ties.

3. 한글 번역

퇴역한 대한민국의 최고위급 장군이 호바트시에서 거행된 추모 행사에 참여하여 12명의 한국 전쟁 참전용사들의 공로를 인정하였다.

전 국방부 장관(1993년 2월~1993년 12월)이자 국가안전기획부 부장(1994년 12월~1998년 3월)을 지냈던 권영해 장군은 호주 군인들의 용기에 경의를 표하며 훈장을 수여했다. 올해 80세가 훌쩍 넘은 참전용사들은 전 세계적으로 아직 생존해 있으며 특별 공로 훈장을 받게 될 약 4만 명의 재향군인들 중 일부이다. 훈장 수여식은 한국 전쟁 중에 전사한 22명의 태즈메이니아 출신 군인들의 기념비가 있는 Korean Grove(한국의 뜰) 앞에서 가족들과 친구들이 참석한 가운데 거행되었다.

가평군에서 파견된 대표단도 행사에 참가하기 위해 호바트시를 찾았고 가평군 지역에서 생산된 화강암으로 만들어진 기념비도 이날 행사에서 공개되었다. 해당 기념비는 1951년에 가평에서 벌어졌고 32명의 호주 군인들의 목숨을 앗아간 중대한 전투를 기리기 위함이다. 그들의 분투는 수도 서울을 함락시키려던 중공군의 전진을 저지시키는 데 큰 도움이 되었다.

권 장군은 통역관을 통해서 "전사한 호주 군인들은 주요 전략적 전투를 위해 그들을 희생했다. 호주 군대의 용맹함은 우리 국군의 기세까지도 올려 주었다. 그리고 그것이 오늘날 대한민국이 자유와 평화를 누릴 수 있는 초석이었다."라고 연설했다. 또한 가평군의 김성기 군수는 아주 많은 수의 호주 군인들이 가평 전투에서 전사했다며 "한국인들은 호주 군인들에게 큰 빚을 졌다."라고 말했다.

한편 호바트 시의회의 Damon Thomas 시의원은 이번 수여식은 일회성 행사라고 밝혔다. 그는 감사를 표하며 "대부분의 참전용사는 지난 50년간 이 전쟁은 이미 잊혀진 싸움이고 그들의 부상과 전우들의 죽음 또한 누구도 기억하지 않을 지나간 일이라고 생각하고 그냥 받아들여 왔었다."라고 말했다.

그는 또한 호바트시와 가평군은 이번 기회를 양 지역의 외교 관계를 더욱 공고히 하는 계기로 삼을 것이라고 밝혔다.

4. Words&Phrases

1 **defence minister**: 국방부 장관

2 **pay tribute to**: ~에게 경의를 표하다

3 **veteran**: 고참병, 노병, 재향군인, 퇴역군인

4 **commemorate**: 기념하다, 찬사를 바치다, 거행하다, 추도하다

5 **delegation**: 대표 파견, (권한, 임무 등) 위임

6 **country**: 시골의, 지방의 지역, 군(다른 뜻: 나라, 국가)

7 **unveil**: 베일을 벗다, 밝히다, 공표하다

8 **granite**: 화강암, 아주 단단한

9 **shed light on**: ~을 비추다, 밝히다, 해명하다

10 **strategic battle**: 전략적 전투

11 **courageous**: 용기 있는, 용감한

12 **momentum**: 기세, 여세, 타력, 타성

13 **once-off**: 한 번의, 한 사람의

14 **comrade**: 동료, 친구, 전우

15 **strengthen**: 강화하다, 증강시키다

5. 영어로 기사를 써 보자

1) Kwon Young Hae — a former (   ) and national intelligence services
   director — (   ) the courage of the Australian soldiers.
   전 **국방부 장관**이자 국가안전기획부 부장을 지냈던 권영해 장군은 호주 군인들의
   용기에 **경의를 표했다**.

2) The plaques (   ) a significant battle in the war fought at Kapyong
   in 1951, claiming the lives of 32 Australian soldiers.
   해당 기념비는 1951년에 가평에서 벌어졌고 32명의 호주 군인들의 목숨을 앗아간

중대한 전투를 **기리기 위함이다**.

3) Because of the (   ) Australian troops — they gave us (   ).
   호주 군대의 **용맹함** 때문에 우리 국군의 **기세**까지도 올라 갔다.

4) He said the council and Kapyong Council were also using the visit to
   (   ) diplomatic ties.
   그는 또한 호바트시와 가평군은 이번 기회를 양 지역의 외교 관계를 더욱 **공고히
   하는** 계기로 삼을 것이라고 밝혔다.

South Korea's obsession with top marks is costing its youth

한국 사회의 학벌과 만점에 대한 집착이 청소년들의 삶을 앗아가고 있다

ANALYSIS/Susan Cheong /28 Dec 2016

1. 기사 해설

　한국의 어린이와 청소년의 행복지수가 OECD 국가 중 꼴찌이며 5명 중 1명이 자살 충동을 느낀 적이 있다는 통계가 나왔던 적이 있다. 또 다른 조사에 의하면 청소년 자살 이유 중 1위가 성적과 진학(39.2%)으로 2위를 차지한 원인인 가정불화(16.9%)와도 두 배 이상의 차이를 보인다. 이는 한국의 성적 및 진학과 관련한 스트레스가 청소년들에게 얼마나 큰 악영향을 미치는지 단적으로 보여 주는 예이다. 한국계 호주인 Susan Cheong, ABC 기자가 본인의 경험을 바탕으로 한국 사회의 교육열과 그로 인한 폐해를 다룬 논평이다.

2. 기사 본문

　I remember peeping into my pencil case, my fingers <u>fumbling</u> through the pens and coloured textas as I <u>discreetly</u> looked for the tiny piece of paper that was <u>scribbled</u> with the answers to my weekly Chinese character-spelling test.

> **NOTE** textas는 색깔이 들어간 펜이나 사인펜 등을 지칭하는 호주의 방언이다.

　I was 13 years old in middle school in Seoul's Gangnam district. Wrong for me to cheat I know, but for me, it was an act of **sheer** desperation to **minimise** the number of times of being **caned**. Every word I spelt wrong **equated to** one painful strike to my palm. I was already struggling to learn my mother-tongue and to write in Chinese felt like an impossible task for me to master. I had moved back to South Korea after eight years living in Sydney with my family. I could barely read or write Korean but I was **forced to** attend a local middle school.

My days were quite literally **jam-packed**. I woke up at 6:30 every morning to get to school by 8:00am. Quiet reading or self-studying was for an hour, and then classes began at 9:00am. School clocked off at 4:00pm, and I had just enough time to duck home for dinner before I was off again to Hagwon, a private tuition college, commonly known as cram schools. I took Korean, science, maths and art classes three to four days a week — fortunately I didn't have to take English classes like the others.

The **proverbial** expression "practise makes perfect" was **ingrained** in us, and for each subject, we went through textbook after textbook, going through questions over and over again. When classes finished at 9:00pm or 10:00pm, students either had the option to stay back to do extra study until 11:00pm or go home. I went to bed at midnight and then would rise at 6:30am to do it all over again.

Effort valued more than ability in South Korea

I remember my parents **agonising** over whether they should enrol me into another class at Hagwon. But my mother, a former science high school teacher, knew that if I was to keep up in school, I had to attend. We had school home-work almost every day and failure to complete meant you were punished in whatever way the subject teacher preferred. Our maths teacher made us come to school an hour early at 7:00am to sweep the corridors and classrooms. Our science teacher made the boys do push-ups on the ground with their feet **propped up** high against the narrow **chalkboard holder**, while the girls had to squat 40 times holding their ears. Occasionally the teacher got out the broomstick and whacked us on our bottom. It all sounds like a nightmare, but **corporal punishment** was culturally accepted at the time and so the students never dared to fight back.

In South Korea, academic success of a student is seen as a source of pride and honour for the family and society at large. Schools generally focus on the belief that effort rather than **natural intelligence** or ability is the key to success, and so the pursuit for academic excellence is deeply **embedded in** children from an early age. It meant entrance into a good high school, a good university, a good job and then hopefully a good partner. The students are therefore **fiercely** competitive, and parents are willing to **devote** everything to help their children have that **extra edge** in school or later in life. Teachers are also well respected in society and often have the full support of the parents in their child's education.

> **NOTE** extra edge란 어떤 원하는 것을 얻기 위한 경험이나 자격증, 학력 등이 잉여인 상태를 의미하는 용어이다. 예를 들어 어떤 연구소에서 직원을 채용할 때 석사 이상의 학력 소지자를 지원 자격으로 정했는데 내가 박사 학위를 가지고 있다면 해당 지원 과정에서 extra edge를 가지고 있는 개념이다.

Style of education resulting in suicides and fewer births

But this has come at a huge cost. **Suicide** continues to be the leading cause of death among teens and young people in South Korea. Many often blame the pressure and **relentless** focus on education and exams. The total **fertility rate** is currently one of the lowest among OECD countries, **hovering** at around 1.2 in recent years.

I moved back to Sydney to complete my secondary education after just two years of schooling in South Korea. They may have been short but those sleepless nights at such a young age were a brutal experience. Today Korean students still study well into the night but there have been some government efforts to **curb** the $20 billion private education industry. Seoul and other cities have placed a 10:00 pm curfew and attempted to fine places that open past the late hour.

Despite the **gruelling** experience, I will remember the high work ethic that was **instilled in** every South Korean child from a young age. Most teachers cared for the students' learning and many went out of their way to make sure they were keeping up with the rest of the class. Teachers saw their class performance as a reflection of their teaching as they themselves were assessed against each other.

South Korea continues to perform well in the Programme International Student Assessment(PISA), and the 2016 results show it is still among the top eight of the OECD countries. However, the **longitudinal** negative effects of this kind of education are starting to show, and it remains to be seen whether South Korea will be able to maintain its position as one of the leading education systems into the future.

3. 한글 번역

나는 매주 쳐야 했던 한문 시험에서 조심스럽게 답들이 적혀 있는 작은 종이들을 보기 위해 필통의 작은 틈을 훔쳐보거나 손가락으로 펜들과 사인펜 등을 만지작거리곤 했던 때를 기억한다.

나는 열세 살이었고 서울 강남구 소재의 한 중학교의 학생이었다. 커닝하는 것이 잘못된 행동이란 것은 알고 있었다. 그러나 나에게 있어서 그것은 매 맞는 횟수를 최소화하기 위한 처절하고도 필사적인 노력이었다. 한 글자를 틀리게 적을 때마다 그것은 손바닥을 아주 강하게 한 대 맞는다는 것과 같은 의미였다. 나는 내 모국어(국어)를 배우는 것조차 벅차다고 느꼈는데 한문으로 무엇을 쓰고 그것을 마스터한다는 것은 불가능한 일로만 느껴졌다. 나는 어릴 때 가족을 따라 시드니에 이민을 가서 8년을 살다가 다시 한국으로 역이민을 한 상태였기 때문에 한국어를 읽고 쓰는 것조차 제대로 하지 못하는 상태였다. 그런데도 나는 중학교 정규 교육 과정에 편입하도록 강요받았다.

나의 일상은 말 그대로 아주 빡빡한 일정이었다. 나는 매일 아침 6시 30분에 기상해서 8시까지 학교에 갔다. 정독이나 자습을 한 시간 정도 하고 나서 9시에 본격적인 수업이 시작되었다. 학교 수업은 4시에 끝났고 나에게는 집에 돌아가서 학원을 가기 전까지 저녁 식사를 할 시간만이 겨우 주어졌다. 학원은 사설 교육 기관이고 보통 입시 준비를 위한 곳으로 알려져 있다. 나는 한국어, 과학, 수학 그리고 미술 수업을 주에 3~4회 정도 들었다. 그나마 다행인 것은 나는 다른 친구들과는 달리 영어 수업은 들을 필요가 없었다.

"연습만이 완벽함을 이루어낸다."라는 격언이 우리에게 깊게 주입되었고 모든 과목에 있어서 우리는 교과서를 보고 또 보고, 쪽지 시험을 계속해서 쳤다. 밤 9시나 10시쯤에 학원 수업이 종료되면 학생들에게는 11시까지 남아서 자습을 하거나 집에 갈 수 있는 선택권이 주어진다. 나는 자정이 되어서 잠자리에 들고 다음 날 6시 30분에 어김없이 일어나는 것을 반복하고 또 반복했다.

한국은 능력보다 노력이 더 중시되는 사회

나는 내 부모님들이 학원에서 내가 받을 수업을 더 추가할 것인지, 말 것인지를 놓고 고민하셨던 것도 기억이 난다. 고등학교 과학 교사셨던 내 어머니는 내가 학교 수업을 따라가려면 추가 수업을 들어야 한다는 것을 알고 계셨다. 학교 숙제는 매일 우리에게 주어졌고 다 완수하지 못하면 각 과목의 선생님들이 각자 선호하는 방식으로 벌을 주었다. 담당 수학 선생님의 경우에는 우리를 아침 7시까지 등교하게 하여 복도와 교실을 쓸게 시켰다. 과학 선생님의 경우에는 남학생들은 칠판 아랫부분의 좁은 분필대에 발을 올리게 하여 팔굽혀펴기를 시켰고 여학생들은 귀를 잡은 채 앉았다

일어나기를 40회 해야 했다. 종종 선생님들은 빗자루대를 꺼내서 우리들의 엉덩이를 때리기도 했다. 이 모든 것들은 마치 악몽같이 들리지만, 체벌은 당시만 하더라도 한국 문화에서 허용되던 시기였고 그래서 학생들은 반항할 수가 없었다.

한국에서는 학생 개인의 학업 성취도가 가족이나 크게는 사회의 자랑거리이자 명예로 여겨진다. 일반적으로 대부분의 학교는 성공하기 위해서는 타고난 머리보다 노력이 더 중요하다고 강조하고 가르친다. 그래서 뛰어난 학업 성취를 좇으려는 마음가짐은 아주 어린 시기부터 아이들에게 깊이 새겨진다. 여기서 성공이란 좋은 고등학교, 대학교에 들어가서 좋은 곳에 취직하고 또한 좋은 배우자를 만나는 것을 의미한다. 그래서 학생들 사이에서 경쟁은 아주 치열하며 부모들 또한 자신의 자녀들이 학교와 사회에서 더 뛰어날 수 있도록 돕기 위해 모든 것을 헌신한다. 교사라는 직업 또한 한국 사회에서 아주 존경받는 편이며 보통 부모들은 자신들의 자녀 교육과 관련하여 선생님들에게 큰 신뢰와 지원을 보낸다.

높은 자살률과 낮은 출산율을 가져온 교육 제도

그러나 치러야 할 대가도 있었다. 자살은 여전히 10대 한국 청소년들의 사망 원인 중 1위이며 많은 이가 피도, 눈물도 없이 교육과 시험만을 강조하고 압박하는 문화를 그 이유로 꼽는다. 출산율 또한 최근에 1.2를 맴돌고 있는데 이는 OECD 국가 중에서 가장 낮은 수준이다.

나는 한국에서 2년 정도 공부하다가 결국 다시 시드니로 돌아와 중학교 과정을 마쳤다. 짧다면 짧은 시간이었지만 어린 나이에 겪어야 했던 그 잠이 부족했던 나날들은 끔찍한 경험이었다. 요즘도 여전히 한국의 학생들은 밤늦게까지 공부를 한다. 그러나 20조 원에 달하는 사교육 시장을 규제하기 위한 정부의 노력도 없는 것은 아니다. 서울시와 다른 도시들은 밤 10시 이후에 학원 운영을 못 하도록 통제하고 이 규정을 어기고 더 늦게까지 운영할 경우에는 벌금을 부과하려고 한다.

비록 힘든 경험이었지만, 어릴 때부터 주입되어 모든 한국 학생이 가지고 있던 높은 책임 의식만큼은 영원히 내 마음속에 기억될 것이다. 대부분의 교사들 또한 학생들의 공부를 하나하나 신경 쓰고 모두가 진도를 따라갈 수 있도록 최선을 다한다. 교사들은 학급의 성적이 자신의 교사로서의 능력을 대변한다고 보고 있으며 그들의 인사고과 또한 남녀 학생들의 성적으로 평가가 된다.

한국은 국제학업성취도평가(PISA)에서 지속적으로 우수한 성과를 내고 있으며 2016년에는 OECD 국가 중에서 상위 8위권에 드는 결과를 내기도 했다. 그러나 장기적인 측면에서 이러한 교육 방식의 부정적인 영향들이 드러나고 있으며, 이러한 폐해는 추후 대한민국이 최고의 교육 시스템을 가진 나라라는 타이틀을 계속해서 가질지 그 여부와는 상관없이 지속될 것으로 보인다.

4. Words&Phrases

1 **fumble**: 더듬거리는, 머뭇거리는

2 **discreetly**: 신중히, 조심스럽게

3 **scribble**: 낙서하다, 휘갈겨 쓰다, 난필

4 **sheer**: 완전한, 전적인

5 **minimise**: 양을 최소한도로 하다

6 **cane**: 회초리로 때리다, 태형, 막대기

7 **equate to**: ~와 동등하다, 동일시되다

8 **forced to**: ~를 강요당하다

9 **jam-packed**: 가득 차다, 빈틈없이 채우다

10 **cram school**: 입시 준비 학원

11 **proverbial**: 속담의, 소문난, 유명한

12 **ingrained**: 뿌리 깊은, 몸에 밴, 찌든

13 **agonising**: 괴로워하다, 고군분투하다

14 **prop something up**: ~을 받쳐 넘어지지 않게 하다, (사람을) 지원하다

15 **chalkboard holder**: 칠판 분필 대

16 **corporal punishment**: 체벌, 태형

17 **natural intelligence**: 천부적 지능, 타고난 지능

18 **embed in**: 각인되다, ~를 박아넣다

19 fiercely: 맹렬히, 격렬히

20 devote: 헌납하다, 헌신하다, 전념하다

21 suicide: 자살

22 relentless: 사정없는, 가혹한, 무자비한

23 fertility rate: 출산율

24 hover: ~근처를 맴돌다, ~근방을 배회하다, ~부근에서 헤매다

25 curb: 제한하다, 억제하다, 구속하다

26 gruelling: 봉변, 가혹한 처사, 혼내다

27 instill in: (사상 등) ~에게 심어주다

28 longitudinal: (변화과정 등) 종적인, 세로 방향의, 길이의, 경도의

5. 영어로 기사를 써 보자

1) Every word I spelt wrong (   ) one painful strike to my palm.
   한 글자를 틀리게 적을 때마다 그것은 손바닥을 아주 강하게 한 대 맞는다는 **것과 같은** 의미였다.

2) I could barely read or write Korean but I was (   ) attend a local middle school.
   한국어를 읽고 쓰는 것조차 제대로 하지 못하는 상태였다. 그런데도 나는 중학교 정규 교육 과정에 편입하도록 **강요받았다.**

3) It all sounds like a nightmare, but (   ) was culturally accepted at the time and so the students never dared to fight back.
   이 모든 것들은 마치 악몽같이 들리지만, **체벌은** 당시만 하더라도 한국 문화에서 허용되던 시기였고 그래서 학생들은 반항할 수가 없었다.

4) The (   ) is currently one of the lowest among OECD countries, (   ) at around 1.2 in recent years.
   출산율 또한 최근에 1.2를 **맴돌고 있는데,** 이는 OECD 국가 중에서 가장 낮은 수

준이다.

5) Despite the gruelling experience, I will remember the high work ethic that was (　　　　　) every South Korean child from a young age.

비록 힘든 경험이었지만, 어릴 때부터 **주입되어** 모든 한국 학생이 가지고 있던 높은 책임 의식만큼은 영원히 내 마음속에 기억될 것이다.

South Koreans to live longest among developed nations by 2030, researchers project

연구원들의 전망에 따르면 2030년쯤에는 한국이 선진국들 중에서 최장수국이 될 것이다

The World Today, Penny Timms/22 Feb 2017

1. 기사 해설

예전에는 장수에 관한 콘텐츠가 실리면 일본으로 초점이 많이 맞춰지던 외신의 추세가 있었으나 이제는 서서히 한국으로 바뀌는 추세다. 장수국일수록 고령화 사회라는 문제가 따라오지만, 근본적으로는 의료 시스템 선진화와 높은 삶의 질을 상징하므로 보는 관점에 따라서는 긍정적인 기사로 볼 수도 있다. 해당 기사는 호주인 기자의 시각에서 쓴 것이므로 전반적으로 호주의 내부 사정에 초점이 더 맞춰져 있다.

2. 기사 본문

Humans in developed nations are living longer than ever before, with life expectancy in some countries soon expected to surpass 90 years, an international team of researchers project.

The researchers analysed 35 countries, including Australia, the United States and Finland, using death and population data from between 1985 and 2010. They **estimate** that in 2030, South Koreans will lead the world **in life expectancy** among both men and women, and that Australians will live 84 years on average.

If the findings prove correct, they could have significant **ramifications** for global health and social services. Dr James Bennett, a researcher at Imperial

College London, said Australia is **outperforming** most of the 35 nations he and his team researched. "The recent improvements you've had in Australia, kind of like lower road traffic injuries and smoking, and also **blood pressure** I believe you've been dealing with very well." Dr Bennett said. "So these things are great success stories for Australia, and you're still right at top of the table."

Women projected to live longer than men

However according to the research released on Wednesday in the Lancet, South Korean women born in 2030 are expected to live beyond 90 years, the longest anywhere. Dr Bennett said South Korea's **projection** was based on several areas performing well. "[South Korea] has low levels of **obesity** and blood pressure — lower than most Western countries — has lower rates of smoking in women." he said.

> **NOTE** 『The Lancet』은 세계적으로 유명한 영국의 의약학 분야 학술지이다.

"They have a very **equitable** health system, which compares for instance with the USA, where there is no **universal** health insurance, and therefore you get some groups in society being left behind." Compared to other rich countries, the United States' **homicide**, obesity, and child **mortality rate** are also working against its citizens. American men are tipped to **surpass** 79.5 years, and women 83.3 years by 2030.

Longer lives straining social security

But while living longer may sound **tempting**, Dr Bennett said a higher life expectancy does not necessarily mean an increased quality of life. It could also put a strain on social and health services as they deal with an older population for longer. "It's a very important issue that governments have to address now because there will be an **everincreasing** cost to having an aged population." Dr Bennett said.

The World Health Organisation has been **spearheading** a program to encourage governments to develop policies for coping with ageing populations, according to Yvonne Wells, a professor of aged care at La Trobe University. She said it is part of the reason why the Australian Government has been making some tough changes in recent years. "As far as Australia's concerned, in many ways we are well prepared, but in others, there are gaps as well." Professor Wells said. "We have a **reasonable** financial system to support older people, and this is one of the reasons the Government's been delaying the pension **eligibility** age and encouraging people to both stay at work for longer and to put money aside for their **superannuation**."

> **NOTE** 호주에는 크게 두 가지의 연금이 있는데 첫 번째로 일정 조건을 만족하면 호주 정부가 사회보장제도의 일환으로 지급하는 노령자 연금(Age pension)이 있고, 은퇴 후 더 윤택한 삶을 위해 고용주 또는 본인이 직접 납입하는 민간 연금(superannuation)이 있다. 고용주가 피고용인 총소득의 9.5%를 고용주 부담 100%로 피고용인의 연금 계좌로 납입해 주어야 한다.

According to Professor Wells, Australia's aged care services ranked well compared to other similar nations. But she said Australians should be preparing for their future now to ensure they live not only longer lives, but better quality ones. "Putting aside money for your retirement, having some kind of retirement plan — what you'd like to actually do once you're not going to work five days a week." she said. "It's about staying healthy in middle age, smoking, diet, exercise — all those kinds of things are all intended to help Australians live longer and healthier lives."

3. 한글 번역

선신국에 사는 사람들은 그 어느 때보다 더 긴 삶을 살고 있다. 국제적으로 구성된 연구진의 조사에 따르면 어떤 나라들은 곧 기대 수명이 90세 이상을 넘어설 것으로 전망된다.

연구원들이 호주, 미국 그리고 핀란드를 포함한 35개국을 대상으로 하여 1985년부터 2010년 사이의 사망률과 인구 통계를 분석했다. 그들은 2030년경이면 대한민국이 남녀 각각 모두 세계에서 가장 높은 기대 수명을 가질 것으로 전망했으며, 호주인들은 평균 84세를 살 것으로 예측했다.

만약 이 조사 결과가 맞는다면, 이는 세계 보건과 사회 복지에 커다란 영향을 미칠 것이다. Imperial College London의 연구원인 James Bennett 박사는 호주에 대해서 그와 그의 연구팀이 조사한 35개 국가들 대부분보다 성적이 더 좋다고 밝혔다. "최근에 호주가 보어준 개선 사항들을 보면 도로 교통 관련 부상이나 흡연율이 줄었고 또한 혈압과 관련해서 당신들은 아주 잘 대처를 하고 있는 것으로 보입니다." Bennett 박사는 말했다. "이러한 것들은 호주의 위대한 성공 스토리입니다. 그리고 당신들 나라의 순위 또한 여전히 최상위층에 자리를 잡고 있어요."

여성들이 남성들보다 더 오래 살 것으로 전망

수요일에 Lancet에서 공개한 연구에 따르면, 2030년에 출생할 한국 여성들은 90세 이상까지 살 것으로 기대된다. 이것은 그 어느 나라보다도 길다. Bennett 박사는 한국의 이러한 전망은 여러 분야에서 특별한 성과를 내는 것에서 기인한다고 말했다. "한국은 낮은 비만율 그리고 혈압을 유지하고 있습니다. 그 어떤 서양 국가들보다도 낮아요. 또한 여성 흡연율이 낮습니다." 그는 말했다.

"그들은 굉장히 합리적인 의료 시스템을 가지고 있어요. 예를 들어 보편적인 의료 보험이 없어서 일부 사회 구성원들은 의료 시스템을 제대로 누리지 못하는 미국 같은 나라와는 비교가 되죠." 다른 부자 나라들과 비교할 때 미국은 살인율, 비만율 그리고 유아 사망률 등이 시민들에게 불리하게 작용한다. 2030년경에 이르러서야 미국의 남성들은 79.5세 그리고 여성들은 83.3세를 초과할 것으로 전망된다.

더 오래 사는 삶이 사회 안보에 미치는 부담

그러나 Bennett 박사는 더 오래 산다는 것이 듣기에는 좋지만 높은 기대 수명이 꼭 더 나아진 삶의 질과 직결되는 것은 아니라고 말한다. 그것은 사회나 보건 의료 서비스에 부담을 주게 될 수도 있다. 왜냐하면 더 많은 고령층의 인구가 더 오래 산다는 것이기 때문이다. Bennett 박사는 "고령화된 인구에 들어가는 비용은 끊임없이 증가할 것이니 이것은 각국의 정부들이 시급히 나서서 다루어야 할 아주 중요한 사안입니다."라고 지적했다.

La Trobe 대학의 노인 복지학과 Yvonne Wells 교수의 말에 의하면 세계보건기구가 선두에 나서서 고령화 인구를 잘 대처할 수 있도록 하는 정책들을 개발하도록 각국 정부를 장려하고 있다고 한다. 그녀는 그것이 지난 몇 년 동안 호주 정부가 강력한 변화를 이끄는 이유 중의 하나라고 말했다. "호주를 놓고 보자면, 우리는 많은 부분에서 아주 준비가 잘되어 있죠. 하지만 어떤 부분에서는 빈틈도 있어요." Wells 교수는 말했다. "우리는 노인들을 지원하기에 적합한 금융 시스템을 갖추고 있습니다. 그리고 그것이 정부가 연금 수령 가능 나이를 유예하거나 사람들이 직장에 더 오래 남아 있도록 또는 연금 이외의 돈을 따로 마련해 두기를 장려하는 이유 중의 하나입니다."

Wells 교수에 따르면 호주의 노인 복지 서비스는 다른 비슷한 수준의 국가들과 비교했을 때 상위권에 드는 수준이라고 한다. 그러나 그녀는 호주인들이 단순히 오래 사는 것뿐만 아니라 더 나은 삶의 질을 갖고 살기 위한 미래를 준비해야 할 때라고 밝혔다. 그녀는 "당신의 은퇴를 위해서 돈을 따로 저축해 두고 또한 주 5일 근무를 꼬박꼬박 하지 않을 때 과연 당신이 정말로 하고 싶은 일이 무엇인지 생각하고 은퇴 후의 계획을 세우는 게 좋아요."라고 충고했다. "중년에 접어들면 건강을 지키는 것만 한 것이 없습니다. 금연, 다이어트, 운동, 이 모든 것이 호주인들의 인생을 더 길고 건강하게 하도록 도와줄 것입니다."

4. Words&Phrases

1 **estimate**: 추정하다, 견적을 내다

2 **life expectancy**: 기대수명

3 **ramification**: 관련 문제, 결과, 추이, 악영향(다른 뜻: 분지, 가지, 분파)

4 **outperform**: (작업 등의) 능력에서 ~를 능가하다, 성능이 뛰어나다

5 **blood pressure**: 혈압[고혈압: high blood pressure (or) hypertension, 저혈압: low blood pressure (or) hypo-
tension]

6 **projection**: 추정, 견적, 계획(다른 뜻: 발사, 사출, 투사, 엉사)

7 **obesity**: 비만, 비대

8 **equitable**: 형평성에 맞는, 공정한, 공평한

9 **universal**: 보편적인, 일반적인, 통괄적인(다른 뜻: 우주의, 자연계의)

10 **left behind**: 뒤에 쳐지다, 뒤에 남겨지다

11 **homicide**: 살인, 살인범(다른 뜻: 검찰의 강력반)

12 **mortality rate**: 사망률

13 **surpass**: ~를 능가하다, ~를 넘다, 초월하다

14 **tempting**: 유혹하는, 매력적인, 마음을 부추기는

15 **everincreasing**: 끝없이 늘고 있는, 항상 증가 추세인, 늘기만 하는

16 **spearheading**: 창끝, 최전선, 선봉, 선두에 서다

17 **reasonable**: 이치에 맞는, 도리에 맞는, 정당한, 공평한, 합당한

18 **eligibility**: 적격성, 적임성, 자격

19 **superannuation**: 노령자 연금, 연금 제도

5. 영어로 기사를 써 보자

1) They estimate that in 2030, South Koreans will lead the world in (   ).
   그들은 2030년경이면 대한민국이 세계에서 가장 높은 **기대 수명**을 가질 것으로 전
   망했다.

2) Dr Bennett said South Korea's (   ) was based on several areas

performing well.

Bennett 박사는 한국의 이러한 **전망**은 여러 분야에서 특별한 성과를 내는 것에서 기인한다고 말했다.

3) They have a very (   ) health system, which compares for instance with the USA, where there is no (   ) health insurance.

그들은 굉장히 **합리적인/공평한** 의료 시스템을 가지고 있어요. 예를 들어 **보편적인** 의료 보험이 없어서 일부 사회 구성원들은 의료 시스템을 제대로 누리지 못하는 미국 같은 나라와는 비교가 되죠.

4) The World Health Organisation has been (   ) a program to encourage governments to develop policies for coping with ageing populations.

세계보건기구가 **선두에 나서서** 고령화 인구를 잘 대처할 수 있도록 하는 정책들을 개발하도록 각국 정부를 장려하고 있다고 한다.

사회 이슈

Social issues

South Korean family facing deportation fights to stay in Queensland

추방 위기에 놓인 한국인 가족, 호주에 계속 거주하기 위한 권리를 위해 목소리를 높이다

Reporter: Tom Forbes/16 Oct 2016

---

1. 기사 해설

　호주 골드코스트 지역에서 오랫동안 거주해 온 한 한국인 가족이 비자 문제로 추방 위기에 놓이자 언론과 정부 당국에 선처를 호소하는 내용의 기사이다. 한국의 한 시장조사 전문 기업이 성인 남녀 1,000명을 대상으로 이민을 생각해 본 적이 있느냐는 질문에 응답자의 73.3%가 "그렇다."라고 답했다고 한다. 가고 싶은 국가는 ① 캐나다, ② 호주, ③ 뉴질랜드, ④ 미국, ⑤ 스위스 순이었다. 이처럼 이민이란 상당수의 국민이 환상을 가지고 한 번쯤은 꿈꿔 보는 것이지만 막상 도전해 본다면 현실은 만만한 것이 아니다. 단지 원한다고 그냥 살 수 있는 것이 아니라 조건에 맞는 비자를 갖춰야 하기 때문이며 비자는 체류 목적에 따라 기간이 한정되어 있으므로 궁극적으로는 영주권이나 시민권을 획득해야 한다. 특히 영어권 선진국들의 영주권을 따는 것은 해가 가면 갈수록 어려워지고 있는 추세이고 조건이 아주 까다롭기로도 유명하다.

2. 기사 본문

　A Gold Coast-based family from South Korea faces <u>deportation</u> unless Immigration Minister Peter Dutton intervenes in their case and allows them to stay in Australia.

Leo Choi and Joanne Moon arrived in Australia with their son Phillip on student visas in 1995. Their daughter Amy was born the following year. In 1998 the family moved back to South Korea and returned on a business visa in 2005.

They applied for **permanent residency** but were refused. Last year they were **granted** visitor visas, which **expire** on November 2.

So far more than 28,000 people have signed a **petition** calling for Mr Dutton to **intervene**. "It is very tiring and it is very stressful, especially the uncertainty." Phillip Choi, now 21, said. He lives in Robina with his sister Amy, now 19, and their parents — Leo and Joanne. "Our entire future is in the hands of the department and the Minister's signature." he added.

Former Robina State High School captain Phillip, and sister Amy, both graduated with OP-1s, which ranked them in the top 2 percent of Queensland students. While they **flourished** academically their parents failed to secure permanent residency. "Australia has shaped our values. It's shaped who we are." Phillip said.

> **NOTE** OP란 Overall Position의 준말로, 호주 퀸즐랜드주 정부의 학업 성취도 평가 시스템이다. 한국의 수능이나 내신 등급제 등과 비슷한 개념이라고 보면 된다. OP Band 1이면 상위 2%, OP Band 2이면 상위 2~6% 등의 순서로 나가며 1등급부터 25등급까지 있다.

"We've grown up here. All of our family and friends are here."

Amy added: "We aren't trying to **queue jump**, but if it comes across that way I'm sorry, but this is the only option left for us to go through." Friend Kate Garland said the community had **rallied** around the family. "They're Australian, they always have been and there's no reason for them to be deported." she said.

Another friend, Christie Bemportato, said she would be **devastated** if they were deported. "I work with them at Bunnings and they have just always been helpful and polite and friendly and they always have smiles on their faces." she said.

McPherson **MP** Karen Andrews, who has written to the Immigration Minister on the family's behalf, said Mr Dutton was aware of their case. "He deals with these matters on a daily basis and I am very confident that he will consider all of the information and make a decision, **taking into consideration** all of the facts." she said.

NOTE MP는 Member of Parliament의 준말로 한국의 국회의원에 해당하는 자리이다.

But it seems the chances of an intervention are slim. "Last year the former Assistant Minister granted visas with work rights valid for six months so the family could apply for other **substantive** visas to remain in Australia. They did not do so." a spokesperson for Mr Dutton said in a statement.

"People with no **legal basis** to remain in Australia are expected to depart."

3. 한글 번역

골드코스트 지역에 거주하는 한인 가족이 호주 이민성 Peter Dutton 장관의 특별한 개입이 없는 한 추방될 위기에 놓여 있다.

Leo Choi 씨와 Joanne Moon 씨는 1995년에 그들의 아들 Phillip과 함께 학생 비자로 호주에 왔다. 그들의 딸 Amy는 그 이듬해에 호주에서 태어났다. 가족은 1998년에 한국으로 귀국했다가 2005년에 사업 비자를 받아 다시 호주로 이주했다. 그들은 영주권을 신청했으나 승인 거부 판정을 받았고 지난해에 방문 비자 승인은 받았으나 해당 비자는 오는 11월 2일까지만 유효하다는 조건이다.

현재까지 2만 8천 명이 넘는 사람들이 이민성 Dutton 장관의 특별 개입을 요청하는 탄원서에 사인했다. 올해 21살인 Phillip Choi 군은 "정말 힘들고 특히 불안정한 미래에 대해 스트레스를 많이 받는다."라고 말했다. 그는 현재 19살인 여동생 Amy 그리고 부모님과 함께 로비나에 살고 있다. "우리의 모든 미래가 이민성 장관님의 사인 하나에 달려있습니다." 그는 덧붙였다.

로비나 주립 고등학교 재학 시절에 학생회장을 지냈던 Phillip 군과 그의 여동생 Amy는 둘 다 퀸즐랜드주 학생 중 상위 2% 안에 들며 OP-1s로 졸업했다. 두 자녀가 우수한 교과 성적을 거둔 반면에 그들의 부모님들은 영주권 획득에 실패했다. Phillip 군은 "호주는 우리의 가치관을 형성해 주었습니다. 이 나라가 우리의 자아를 만들어 나가는 데 도움을 주었습니다."라고 말했다.

"우리는 여기서 자랐습니다. 우리 가족 그리고 친구들 모두 여기에 있습니다."

Amy 양은 "우리는 새치기를 하려는 의도는 없어요. 혹시 누구라도 그렇게 느낀다면 정말 미안하지만, 이렇게라도 하는 것이 우리에게 남은 유일한 방법입니다."라고 말했다. 그녀의 친구인 Kate Garland 양은 지역 사회가 이 가족을 위해 집회를 열기도 했다고 말했다. "그들은 호주인입니다. 그들은 언제나 그래 왔으며 이 나라에서 추방 당해야 할 그 어떤 이유도 없습니다." 그녀는 말했다.

또 다른 친구 Christie Bemportato 양은 "만약 그들이 추방당한다면 나는 망연자실할 것입니다."라고 말했다.
그녀는 또 "나는 버닝스(호주 DIY용품 체인)에서 그들과 함께 일하는데 그들은 항상 도움이 되고 예의 바르며 또 친절합니다. 그리고 그들은 항상 얼굴에 미소를 짓고 있습니다."라고 덧붙였다.

이 가족을 대신해서 이민성 장관에게 직접 편지를 쓴 Karen Andrews 의원은 맥퍼슨 지역을 대표하는 국회의원이다. 그녀는 Dutton 장관이 그들의 케이스를 충분히 인지하고 있었다고 밝혔다. "그는 이러한 문제들을 매일같이 다루는 사람입니다. 그리고 나는 그가 모든 정보를 취합하고 모든 사실을 충분히 고려한 뒤에 바른 결정을 내릴 것이라는 것에 대해 확신합니다."

그러나 현실을 보면 이민성 장관이 이번 건에 특별 개입을 할 가능성은 낮아 보인다. Dutton 장관의 대변인은 성명을 통해서 "지난해 전 이민성 차관이 6개월간 유효한 취업 비자를 승인해 주었고, 그 기간 동안 이 가족은 호주에 거주할 수 있는 다른 정식 비자를 신청할 시간이 주어졌음에도 그렇게 하지 않았다."라고 밝혔다.

"호주에 거주할 법적인 근거가 있는 것이 아니라면 누구든지 상관없이 추방될 수밖에 없습니다."

4. Words&Phrases

1 **deportation**: 국외 추방, 퇴거 명령

2 **permanent residency**: 영주권

3 **grant**: 주다, 수여하다, 교부하다

4 **expire**: 기한이 끝나다, 만료하다, 만기가 되다

5 **petition**: 청원, 진정서, 탄원서

6 **intervene**: 개입하다, 간섭하다, 끼어들다

7 **flourish**: 번영하다, 번창하다, 성공하다, 잘 자라다

8 **queue jump**: 줄에 끼어들다, 새치기하다

9 **rally**: (여론, 조직) 불러모으다, 규합하다, 결집하다

10 **devastated**: 큰 타격을 받은, 황폐한

11 **take somthing into consideration**: ~를 고려하다

12 **substantive**: 실질적인

13 **legal basis**: 법적 근거

5. 영어로 기사를 써 보자

1) They applied for (   ) but were refused. Last year they were
(   ) visitor visas, which expire on November 2.
그들은 **영주권**을 신청했으나 승인 거부 판정을 받았고 지난해에 방문 비자 **승인은 받았으나** 해당 비자는 오는 11월 2일까지만 유효하다는 조건이다.

2) So far more than 28,000 people have signed a (   ) calling for Mr Dutton to (   ).

현재까지 2만 8천 명이 넘는 사람들이 이민성 Dutton 장관의 특별 **개입**을 요청하는 **탄원서/청원**에 사인했다.

3) He deals with these matters on a daily basis and I am very confident that he will consider all of the information and make a decision, (   ) all of the facts.

그는 이러한 문제들을 매일같이 다루는 사람입니다. 그리고 나는 그가 모든 정보를 취합하고 모든 사실을 **충분히 고려한 뒤에** 바른 결정을 내릴 것이라는 것에 대해 확신합니다.

4) People with no (   ) to remain in Australia are expected to depart.

호주에 거주할 **법적인 근거**가 있는 것이 아니라면 누구든지 상관없이 추방될 수밖에 없습니다.

Internet-addicted South Korean children sent to digital detox boot camp

인터넷 중독에 걸린 한국의 아이들, 디지털 디톡스 캠프에 보내지다

Reporter: North Asia correspondent, Matthew Carney/15 Sep 2015

---

1. 기사 해설

　　인터넷이 발달한 대한민국에서 사회의 고질적인 문제인 아이들의 인터넷 중독을 어떻게 해결하고 있는지에 관해 ABC 동북아 지역 특파원인 Matthew Carney가 취재한 기사이다. 인터넷 중독은 가상 세계와 현실 세계의 혼동, 언어 파괴, 폭력성 및 성충동 유발 등의 문제점을 야기하기도 하므로 부모들은 자녀들이 인터넷 중독에 빠지지 않도록 섬세한 주의를 기울일 필요가 있다. 아울러 인터넷 중독의 원인으로는 사회적·환경적 요인, 인터넷 자체의 속성, 개인의 성격 성향, 뇌의 신경 생화학적 요인 등이 있고, 복합적으로 작용하는 것이기 때문에 치료적으로도 그만큼 다양한 접근이 필요하다.

2. 기사 본문

　　South Korea has the highest rate of internet <u>addiction</u> in the world and it is increasingly the country's children who are spending every waking moment <u>immersed in</u> fantasy role play or gaming.

　　The government sees it as a national health crisis and is now taking **drastic measures** to help the country's 2 million addicts. They have set up a network of boot camps across the nation to offer the kids of Korea a digital detox. In the remote and **<u>pristine</u>** mountains of South Korea, about as far away as one can get from the country's high-tech cities, teenage internet addicts are turning up for a 12-day boot camp.

Kyle Won's addiction is **out of control**. He spends 10 hours a day on the internet. He was top of his class and now he has **dropped out** of his final year of high school. His mother, Han Jin Sook, brought him to the camp as a last resort. "He's become **aggressive** and angry and stressed towards people. He used to listen to us but now he doesn't." she said. Kyle's smartphone is taken away, locked up for **safekeeping** and then it is goodbye to his parents and to cyberspace. "I'm really worried because I won't have my phone for 12 days but I trust other things will fill my time." he said.

About a dozen teenage boys live, eat, sleep at the camp and every day starts with exercises. At first the counsellors encourage human **interaction** to get them socialising again; for many the only friends they have had are online. Kyle, 18, said this was a problem for him. "I have relationships on the internet and a real distance has grown with my personalised friends and I know it's not good." he said. One of the basic ideas at the camp is to **rebuild** connections back to the real world and weaken ties to the **virtual** one to **reclaim** a childhood lost to the computer.

The job of the counsellors here is to get the kids to think about a future beyond the smartphone or iPad; to show them other possibilities and **ultimately** to try and bring back dreams and hopes that have been buried by their addictions. Counsellor Shim Yong Chool said what the boys learned at camp had to be applied back in the home environment if treatment was to be successful. "We teach them methods to **self-manage** their emotions and the desire to use the internet so they can continue to use them when they go back home." Mr Shim said. The boys also **undergo** intense one-on-one counselling to work out any **underlying** causes of addiction like family **conflicts** or personality issues.

One in every 10 South Korean child an addict

South Korean psychiatrists are **urging** more action as they are finding evidence too much screen time is damaging developing brains. Professor Kang Seak Young from Dankook University said the addiction was damaging critical thinking. "It effects the **frontal lobes** which are important for **critical analysis**," Professor Kang said. "Reading a book where one is guessing what happens in the story next shows activity in frontal lobes but playing internet games shows no activity."

The camp may not offer a cure but after just two days Kyle said it was helping. "It's a step forward, I'm living without the internet and I do have an **expectation**, through the group exercises and counselling, that when I go home it will have an impact and I won't use the internet as much." he said.

South Korea is most **wired** nation on Earth. Virtually every home is connected with cheap high-speed **broadband**. But it does have a cost — one on 10 kids are addicts — so the country is now learning how to manage and moderate its high-tech future.

3. 한글 번역

한국은 세계에서 가장 인터넷 중독이 심한 나라이며 특히 깨어 있는 대부분의 시간을 판타지나 롤플레잉 게임 등에 빠져서 보내는 아이들이 굉장히 많다.

정부는 이러한 현상을 국가 보건 위기로 규정하고 2백만 명에 가까운 중독자들을 돕기 위한 강력한 대응책을 마련했고 그 일환으로 당국은 국가 전역에 걸쳐서 청소년들을 위한 디지털 디톡스 캠프망을 구축했다. 그중에서 한 훈련소는 대도시에서 최대한 멀리 떨어진 깊은 산중에 캠프를 설치했고 청소년 인터넷 중독자들이 12일간의 프로그램에 참가하기 위해 입소했다.

그중에서 특히 Kyle Won이라는 친구는 하루 평균 10시간 정도를 온라인상에서 보낼 정도로 중독의 증상이 심하였고 학교 성적마저 최상위권을 유지하다 나중에는 결국 고등학교 중퇴를 할 지경까지 이르러 참다못한 그의 어머니 한진숙 씨가 최후의 수단으로 그를 캠프에 데리고 왔다고 한다. Kyle의 어머니는 "그가 예전에는 부모님의 말을 잘 듣곤 했었는데 요즘은 전혀 그렇지 않을뿐더러 다른 사람들에게도 갈수록 화를 많이 내고 공격적인 성향을 보인다."라고 털어놓았다. 반납한 Kyle의 스마트폰은 임시 보관소에 맡겨졌고 이제 얼마간 그는 부모님과 온라인 세상괴는 작별이다. 그는 "12일 동안이나 핸드폰 없이 지낸다는 것이 굉장히 걱정되긴 하지만 뭔가 또 다른 것이 자신의 시간을 채워 주리라고 믿는다."라고 말했다.

약 12명 정도의 십 대 청소년들은 기상 직후 운동으로 하루를 시작하여 먹고 자고 생활하는 것을 캠프 내에서 해야만 한다. 그들 중 상당수는 인터넷이 유일한 친구이기 때문에 심리상담사들이 아이들의 사회성 회복을 위해 인간관계 개선을 먼저 장려하고 있다. 18세의 Kyle 군은 "인터넷에 중독되면서 실제 친구들과는 거리가 점점 멀어졌고 그것이 자신의 문제점이라는 것을 스스로 알고 있다."라고 고백했다. 디지털 디톡스 캠프의 기본 목적 중 하나는 네트워크상의 세계에 대한 의존성을 점차 약화시키고 현실 세계와의 연결고리를 회복하여 잃어버린 유아기 혹은 청소년기를 되찾고자 하는 데 있다.

캠프 내의 상담사들은 아이들로 하여금 스마트폰과 아이패드를 넘어서 앞으로의 미래를 생각하게 하는 것을 도와주는 역할을 한다. 또한, 궁극적으로는 인터넷 중독으로 사라져버린 아이들의 꿈과 희망을 다시 되찾는 것이 가능하다는 것을 보여 주기 위해 노력한다. 심영철 상담사는 프로그램이 성공적이 되기 위해서는 아이들이 캠프 내에서 배운 것을 가정환경으로 돌아가서도 적용시켜야 한다고 조언한다. 그는 "아이들이 집에 돌아가서도 효과가 지속적일 수 있도록 자신의 감정이나 인터넷을 하고 싶은 욕구를 컨트롤할 수 있는 방법을 가르친다."라고 덧붙였다. 캠프 기간 중에 아이들은 강도 높은 일 대 일 상담 과정을 거치기도 하는데, 이는 가정불화나 성격 장애 등 내재되어 있는 인터넷 중독의 근원을 찾기 위함이다.

한국 아동 10명당 1명은 인터넷 중독

한국의 정신과 의사들은 스크린에서 너무 많은 시간을 보내는 것이 두뇌의 성장을 손상시키기 때문에 더 많은 대책이 필요하다고 말한다. 단국대학교의 강석영 교수는 "인터넷 중독이 두뇌 전두엽에 영향을 미치고 이것이 비판적 사고를 저해한다."라고 말하며 "책을 읽는 것은 다음에 어떤 이야기가 펼쳐질지 추측하게 되므로 전두엽이 활성화되는 것을 볼 수 있는 반면에 게임을 하는 것은 아무런 반응이 없다."라고 설명했다.

이틀이 지난 후 카일은 캠프가 완전히 버릇을 치료하진 못해도 확실히 도움은 되었다고 말한다. 그는 "확실히 어느 정도 진전은 있다. 현재 그룹별 활동과 상담을 통해 인터넷 없이도 잘 지내고 있으니 집에 돌아가더라도 효과는 지속될 것이고 예전만큼 인터넷을 많이 사용하지는 않을 것 같다."라고 귀띔했다.

대한민국은 지구상에서 가장 인터넷이 발달한 나라이다. 사실상 모든 가정이 저렴하면서도 초고속인 광대역에 연결되어 있다. 그러나 10명의 아동 중 1명꼴로 인터넷 중독인 것에서 보듯이 이로 인해 치러야 할 대가는 분명히 존재하는 것처럼 보인다. 한국은 이제 최첨단 미래를 위해 관리하고 절제하는 법을 배우는 중이다.

4. Words&Phrases

1 **addiction**: 중독, 탐닉

2 **immerse in**: 잠긴, 묻힌, 열중하다, 몰입하다

3 **drastic measure**: 강력한 대책

4 **pristine**: 초기의, 태초의, 손대지 않은 상태의

5 **out of control**: 통제가 안 되는

6 **drop out**: 탈퇴, 낙오, (학교) 중퇴

7 **aggressive**: 침략적인, 공격적인(간혹 적극적인이라는 의미의 좋은 뜻으로 쓰이기도 한다)

8 **safekeeping**: 보관, 보호

9 **interaction**: 상호작용, 관계, 관련

10 **rebuild**: 고쳐 짓다, 대체하다, 되찾다, 회복하다

11 **virtual**: 가상의, 네트워크상의(다른 뜻: 사실상의, 실제상의)

12 **reclaim**: 재생하다, 교화하다, 개선하다(다른 뜻: 바다나 땅 등의 개간, 간척)

13 **ultimately**: 궁극적인, 최후의, 마침내

14 **self-manage**: 자제력

15 **undergo**: 경험하다, 겪다, 당하다

16 **underlying**: 기초를 이루는, 내재하는, 잠재적인

17 **conflict**: 충돌하다, 투쟁, 싸움

18 **urge**: 다그치다, 강제하다, 설득하다(urge to)

19 **frontal lobes**: 전두엽

20 **critical analysis**: 비판적 사고

21 **expectation**: 기대, 예상, 가망, 기대하는 마음, 기대치

22 **wired**: 유선의, 네트워크 지향의 (사용가능한 환경), 전자적으로 연결된

23 **broadband**: 광대역 회선, 광대역의

5. 영어로 기사를 써 보자

1) South Korea has the highest rate of internet (　　　　) in the world.
   한국은 세계에서 가장 인터넷 **중독**이 심한 나라이다.

2) The government sees it as a national health crisis and is now taking
   (　　　　).
   정부는 이러한 현상을 국가 보건 위기로 규정하고 **강력한 대응책**을 마련했다.

3) The counsellors encourage (　　　　) to get them socialising again.
   심리상담사들이 아이들의 사회성 회복을 위해 **인간관계** 개선을 먼저 장려하고 있다.

4) One of the basic ideas at the camp is to (　　　　) connections back to
   the real world.
   디지털 디톡스 캠프의 기본 목적 중 하나는 현실 세계와의 연결고리를 **회복**하는

것이다.

5) The boys also undergo intense one-on-one counselling to work out any
(   ) causes of addiction like family conflicts or personality issues.
아이들은 강도 높은 일 대 일 상담 과정을 거치기도 하는데 이는 가정불화나 성격
장애 등 **내재되어 있는** 인터넷 중독의 근원을 찾기 위함이다.

"I hated my ugly face.": Korean women destroy cosmetics in protest of unrealistic beauty ideals

"나는 내 못생긴 얼굴이 싫어요." 비현실적으로 아름다운 외모 기준에
반대하기 위해 화장품을 파괴하는 한국 여성들

Reporter: Robert Burton-Bradley/9 Nov 2018

1. 기사 해설

지나친 미를 추구하는 한국의 사회적인 분위기에 반대하는 페미니스트 운동에 관한 기사이다. 대학교 입학 선물이나 생일 선물로 자녀들에게 성형을 시켜 주는 부모 혹은 취직을 유리하게 하려고 성형을 하는 사람들이 많은데, 이와 같은 현상은 외국인들의 눈에는 경악을 금치 못할 만한 문화인 것은 확실하다. 개인의 선택이니까 타인이 간섭할 여지는 없다지만 문제의 본질은 성형하는 사람 개개인보다는 전반적으로 지나친 경쟁심과 낮은 자존감이 이러한 사회 현상의 저변에 깔려 있다는 부분이다. 그래서 자연스럽게 남들이 다 하니까 나도 질 수 없기에 해야만 하는 문화가 생겨났는데, 이는 사회가 전반적으로 병들어 있다는 방증이다. 지나치게 극단적인 페미니즘 운동도 문제가 있지만, 그 찬반 여부를 떠나서 외모 지상주의 부분에 대해서만큼은 확실히 개선의 필요성이 있다고 본다.

2. 기사 본문

South Korean women are destroying cosmetics and cutting their hair short to fight back against unrealistic beauty ideals in what is being <u>dubbed</u> the "escape corset" movement.

> **NOTE** 보통 짙은 화장 등 사회가 여성에게만 강요하는 엄격한 외모 잣대를 코르셋이라고 하며, 페미니즘 계열은 여기에서 벗어나자는 논란(탈코르셋 운동)을 주도했다.

In posts across Instagram, Twitter, and other social media platforms, women have been **denouncing** the use of cosmetics and a culture that pressures as many as one in three women to undergo some form of **plastic surgery**.

One post on Instagram by user 6_feminist_9 **confessed** that she had low **self-esteem** and felt she had to use makeup as a mask just to leave the house. "I liked pretty things. I wanted to be pretty. I hated my ugly face." she posted. "Self-esteem came and went. I was always putting on makeup. I did not go to school on days when I did not have good makeup." "But now you do not have to. It does not have to be pretty. In the meantime, I took off the mask that **plagued** me and ruined my life."

Another user said: "Today is one month since I decided to cut my hair and take a bath!" "Cosmetics, lenses and clothes that are not easy to wear are now used as memorials."

It is the **latest development** in the Asian country's exploding feminist movement in the age of #MeToo, in a country that was ranked a poor 116 out of 144 countries on **gender equality** by the World Economic Forum. The women abandoning demanding cosmetic **regimens** call themselves "beauty resisters" and are part of a broader **push back against** South Korea's highly **patriarchal** society which places a huge emphasis on a woman's appearance as being key to success in life.

Stories about young women transforming their lives after having plastic surgery and makeovers are **abound** in soaps and movies, and popular on reality TV. The K-beauty industry is one of the largest in the world — worth somewhere $18-24 billion, according to analysts — and has been spreading to other Asian countries where the K-beauty ideal of **dewy** soft skin, soft pink lips, and **delicate** features has **taken off**.

Even before #MeToo caught fire in 2017, an incident in 2016 had already set a spark to the tinder of a surging Korean feminist movement: the murder of a 23-year-old woman in a unisex toilet by a man unknown to her because he "hated women" brought thousands to the streets in protest.

South Korean women protest against 'spycam porn'

However the biggest issue uniting women in the country of 51 million is the use of spy cameras by men to obtain images of women in bathrooms, with many of the resulting images being posted online. The number of reported cases has leapt from around 1,000 to more than 6,000 over the last few years.

> **NOTE** spy camera는 한국어로 '몰래카메라' 혹은 '몰카'라는 단어에 가장 가깝다. 비슷한 뜻으로 hidden camera라는 표현도 많이 쓰지만, 이는 방송이나 Youtube footage 등에서 웃음이나 재미를 위한 용도로 쓰이거나 혹은 사실상 상대방의 동의를 미리 구하고 몰카 형태로 기획하는 경우가 많다. 반면에 spy camera라는 표현은 직접적으로 사생활 침해를 한다는 의미를 내포하고 있어서 좀 더 강한 표현이라고 볼 수 있다. 그 외에 Surveillance camera는 우리가 흔히 알고 있는 CCTV이고 일반적으로 이것이 있다는 것을 warning notice 같은 것을 통해 드러내놓고 범죄 등을 미연에 방지하기 위한 용도로 쓰인다.

Since May there have been monthly **demonstrations** against spycam porn involving tens of thousands of women in the capital Seoul. Heather Barr, a research from Human Rights Watch's division for women's rights, said earlier this year that the country's leaders still weren't listening to women. "South Korean women see **inequality** all around them, they have had enough, and are demanding action by the government." she said.

The **nascent** Korean feminism movement has also seen some backlash. In August police issued an **arrest warrant** for the publisher of feminist website Womad after the site published nude photos taken of men without their **consent** in protest at what it said was police **inaction** on spycam porn. In a statement issued on the site after the warrant was issued, the **unnamed** founder said:

"I am angry that many possibilities and freedoms have been violated by the police, who are constantly harassing me with no evidence."

Last month an unnamed organiser of one women's rights group told the UK Telegraph that women felt they had no choice but to hide their faces behind masks when **taking part in** protests for fear of social **repercussions** such as losing their jobs or threats of violence received from men.

"We are **ridiculed** and even fired from our jobs because we speak out … women can only survive by maintaining their **anonymity** because Korean society is run by men." she said.

3. 한글 번역

한국의 여성들이 소위 '탈코르셋'이라 불리는 운동을 통해 화장품을 파괴하고 자신들의 머리를 짧게 자르는 등의 시위를 했다. 이는 비현실적일 만큼 아름다운 외모 기준에 대해 항의하기 위함이다.

트위터와 인스타그램을 포함한 각종 SNS에 포스팅된 글들을 보면 많은 여성이 화장품 사용은 물론이고 세 명 중 한 명 정도의 여성이 성형수술을 해야만 하도록 압박이 가해지는 문화를 공개적으로 비난했다.

6_feminist_9라는 아이디를 이용해 인스타그램에 포스팅한 한 여성은 본인이 낮은 자존감을 가지고 있었고 집을 나서기 전에 항상 화장을 마스크처럼 하고 다녀야만 하는 줄로 알았다고 고백했다. 그녀는 "나는 예쁜 물건들을 좋아한다. 나는 예뻐지고 싶었다. 나는 내 못생긴 얼굴이 싫다."라고 포스팅했다. "내 자존감은 왔다 갔다 한다. 나는 항상 화장했고 화장이 마음에 들지 않은 날에는 학교에 가지 않기도 했다. 그러나 이제는 그렇게 하지 않아도 된다. 꼭 예뻐야 할 필요는 없다. 그리고 나는 나를 성가시게 하고 내 인생을 망쳤던 그 마스크를 벗어버렸다."

또 다른 유저는 "오늘은 내가 머리를 잘라버리고 목욕을 한 지 한 달째 되는 날이다."라고 말했다. "사용하기가 쉽지 않은 화장품, 렌즈 그리고 옷들은 이제는 기념품이 되어 버렸다."

이것은 World Economic Forum이 발표한 성 평등 순위에서 144개국 가운데 116위를 차지한 이 아시아 국가에서 미투 운동을 계기로 폭발적으로 일어나고 있는 페미니즘 운동의 새로운 전개이다. 복잡한 화장법들을 포기한 이 여성들은 본인들을 '뷰티 거부자'라고 칭했다. 또한, 여성의 외모가 성공하는 데 있어서 중요한 요소로서 강조되는 한국의 심한 가부장적인 사회에 대항하는 데 일조하고 있다.

젊은 여성들이 성형이나 변신을 한 후에 인생이 뒤바뀌는 스토리들은 드라마나 영화 그리고 리얼리티 쇼 등에 나오는 단골 소재이기도 하다. 분석에 따르면 K-뷰티 업계의 규모는 약 16~22조 원에 달하는 것으로 알려졌으며 세계에서 가장 큰 산업 중 하나로 자리매김했다. 또한, K-뷰티의 전형이라고 할 수 있는 이슬처럼 부드러운 피부, 부드러운 핑크빛 입술 그리고 우아한 외모 등에 대한 선망이 여러 아시아 국가에 퍼지고 있다.

사실 2017년에 미투 운동이 활발해지기 전에 2016년에 있었던 한 사건이 한국의 페미니스트 운동에 불을 지폈다고 보면 될 것이다. 23세 여성이 남녀공용 화장실에서 비면식인 남성에게 살해당했고 범인의 살해 동기는 단순히 '여성 혐오'였다. 이 사건으로 인해 수천 명이 길거리 시위를 했던 바가 있다.

몰카 동영상에 대해 시위를 하는 한국 여성들

그러나 인구 5천백만 명인 이 나라의 여성들을 똘똘 뭉치게 하는 큰 문제는 또 있다. 일부 남성들이 화장실에서 여성을 도촬하기 위해 몰카를 설치하고 그 중 상당수가 온라인에 퍼진다. 신고된 건수만 해도 지난 몇 년 사이에 1,000건에서 6,000건으로 급증했다.

5월부터 수도 서울에서는 수만 명에 달하는 여성들이 몰카 동영상에 반대하는 시위를 매달 정기적으로 열고 있다. 인권 운동 단체에서 여성 인권을 담당하고 있는 Heather Barr 연구원은 올해 초에 "이 나라의 대통령은 아직도 여성의 말에 충분히 귀를 기울이지 않고 있다."라고 비판했다. 그녀는 "한국의 여성들은 사회의 모든 분야에서 불평등을 겪고 있다. 그들은 참을 만큼 참았다. 그리고 이제는 정부가 나서서 행동해 주길 요구하고 있다."라고 말했다.

아직은 초기 단계인 한국의 페미니즘 운동은 반발에 직면하기도 했다. 지난 8월경에 페미니스트 사이트인 워마드에서는 경찰 측이 몰카 동영상을 통제하는 부분에 있어서 제 역할을 못 하고 있다고 시위하며 한 남성의 누드 사진을 동의 없이 사이트에 게재했고 이에 경찰은 해당 게시자에게 체포영장을 발부하기도 했다. 영장이 발부되고 난 후에 익명의 운영자가 사이트에 성명을 게재했고 그녀는 "경찰은 증거도 없이 지속해서 나를 괴롭히며 나는 이들이 많은 가능성과 자유를 침해한 것에 대해 매우 화가 난다."라고 주장했다.

지난달 한 여성 인권 단체의 익명의 운영자는 영국 텔레그래프 통신과의 인터뷰에서 "여성들은 시위에 참가할 때 그들의 얼굴을 마스크 뒤에 가리는 것 이외에 다른 선택권이 없다. 이는 직장을 잃는다든지 또는 남성들로부터의 물리적인 협박 등의 사회적인 반향이 두렵기 때문이다."라고 밝혔다.

그녀는 "우리는 그저 목소리를 낸다는 이유만으로 조롱거리가 되는 것은 물론이고 직장에서 해고되기도 한다. 남성 중심으로 돌아가는 대한민국 사회에서 여성들이 가진 유일한 생존 전략은 익명을 유지하는 것이다."라고 말했다.

4. Words&Phrases

<u>**1**</u> **unrealistic**: 비현실적인, 비사실적인

<u>**2**</u> **dubbed**: ~라고 불리다, ~라는 별명으로 부르다(다른 뜻: 찌르다, 콕콕 찌르다)

<u>**3**</u> **denounce**: 공공연히 비난하다, 나무라다, 고발하다, 고소하다

<u>**4**</u> **plastic surgery**: 성형 수술

<u>**5**</u> **confess**: 고백하다, 자백하다, 실토하다

6 **plague**: 역병, 전염병, 골칫거리

7 **self-esteem**: 자존감, 자긍심

8 **latest development**: 새로운 사건의 전개

9 **gender equality**: 양성평등, 성 평등

10 **regimen**: 체제, 규율, 제도, 꾸준한 훈련, 교육 프로그램

11 **push back against**: 거절하다, 대항하다, 역공세를 펼치다

12 **patriarchal**: 가부장적인, 부친 중심의, 남성 우위의

13 **abound**: 많이 있다, 풍부하다, 충만하다

14 **dewy**: 이슬 맺힌, 순수한, 상쾌한

15 **delicate**: 섬세한, 우아한, 은은한, 가냘픈

16 **take off**: 이륙하다, 도약하다(다른 뜻: 벗기다)

17 **spy camera**: 몰카

18 **demonstration**: 데모, 시위(다른 뜻: 공개 실험, 집회, 판매 홍보)

19 **inequality**: 불균형, 불균등, 불평등

20 **nascent**: 초기의, 신흥, 신생

21 **arrest warrant**: 체포 영장

22 **consent**: 동의하다, 동의, 승낙, 찬성

23 **inaction**: 활동하지 않음, 무의, 나태

24 **unnamed**: 무명의, 불특정의

25 **take part in**: ~에 참가하다

26 **repercussions**: (사건, 행동의 간접적인) 영향, 반향

27 **ridicule**: 비웃음, 조소, 조롱

28 **anonymity**: 익명, 작자 불명, 정체불명

5. 영어로 기사를 써 보자

1) Women have been (　　　　　) the use of cosmetics and a culture that pressures as many as one in three women to undergo some form of (　　　　　).
많은 여성이 화장품 사용은 물론이고 세 명 중 한 명 정도의 여성이 **성형수술**을 해야만 하도록 압박이 가해지는 문화를 **공개적으로 비난**했다.

2) One post on Instagram by user 6_feminist_9 (　　　　) that she had low
　(　　　　).
　6_feminist_9라는 아이디를 이용해 인스타그램에 포스팅한 한 여성은 본인이 낮
　은 **자존감**을 가지고 있었다고 **고백했다**.

3) South Korean women see (　　　　) all around them.
　"한국의 여성들은 사회의 모든 분야에서 **불평등**을 겪고 있다."

4) The (　　　　) Korean feminism movement has also seen some backlash.
　아직은 **초기 단계**인 한국의 페미니즘 운동은 반발에 직면하기도 했다.

5) We are (　　　　) and even fired from our jobs because we speak out …
　women can only survive by maintaining their (　　　　) because Korean
　society is run by men.
　우리는 그저 목소리를 낸다는 이유만으로 **조롱거리가 되는** 것은 물론이고 직장에
　서 해고되기도 한다. 남성 중심으로 돌아가는 대한민국 사회에서 여성들이 가진
　유일한 생존 전략은 **익명**을 유지하는 것이다.

Just like Australia, South Korea's seafood country of origin labelling laws end at the market

호주와 마찬가지로 한국에서도 수산물 원산지 표기법이 시장에서 힘을 쓰지 못하고 있다

Reporter: Clint Jasper/16 September 2015

1. 기사 해설

「원양산업발전법」에 따라 원양어업의 허가를 받은 어선이 해외 수역에서 어획하여 국내에 반입한 수산물은 '원양산' 표시와 함께 '태평양', '대서양', '인도양', '남빙양', '북빙양'의 해역명을 표시하게 되어 있다. 하지만 기사가 나올 당시를 기준으로 이 원산지 표기법은 도매 시장이나 일반 음식점에서는 적용되지 않았으며 이와 관련된 규정과 실태를 Clint Jasper, ABC 기자가 부산 사갈치 시상을 직접 방문하여 알아보고 또 호주나 유럽의 상황과 비교해 보는 내용의 기사이다.

2. 기사 본문

South Korea's national and <u>provincial</u> governments, along with the local industry are strongly supportive of tough country of origin <u>labelling laws</u> for seafood.

At the busy Jagalchi Fish Market, in the port city of Busan, on the southern end of the Korean peninsula, tonnes of fish from around the world are brought to market each day. It is the country's busiest fish market, with 1000 employees working from 4am every day to bring in the night's catch and <u>**distribute**</u> it to the rest of the country. The market pumps fresh seawater into hundreds of tanks containing fish, shellfish and <u>**crustaceans**</u> from waters off Korea, Japan, China, Vietnam, the USA, Australia, Russia and many other countries.

And above each **stall** hangs a small sign, updated daily with the country of origin and price for what's on sale. The market's manager Keum Bong-dal said when the government introduced seafood labelling laws back in 2004, **merchants** complained that it would be too **burdensome**, but now the laws have been in place for over a decade, they've adjusted. Mr Keum said in addition to the inspections performed by the provincial government, the market also conducted its own inspections, and handed out **trading suspensions** to those caught **falsely** labelling. "The laws will have stronger punishment for merchants who falsely label the product rather than those who just **neglect** to label at all." he said. The suspensions are **gradually** increased from a base of three days for **repeat offenders**.

As an example of why the laws were important, Mr Keum said local fish can **retail** for around $10 dollars, while the same fish from foreign waters could be as low as $3 or $4. He said Koreans generally prefer to buy local produce and without the laws, **unscrupulous** merchants would try and pass their cheap produce off as locally caught.

But the laws end at the **wholesale market**, and like Australia, restaurants are not required to label seafood, nor is it **policed**. The European Union leads the world in seafood labelling laws, even going as far as to **specify** how fish are caught.

A Bill to push restaurants to label seafood country of origin was defeated last month in Federal Parliament. The groundswell to have accurate labelling seems to be meeting exactly the same resistance in Australia, as in South Korea.

> **NOTE** groundswell이란 먼 곳의 폭풍에 의해서 생기는 큰 파도라는 뜻으로, 주로 기업의 울타리 바깥에서 생긴 일이나 흐름이 큰 파도가 되어서 기업에 밀어닥치는 현상을 말한다. 또는 여론 등이 고조되는 현상을 말하기도 한다.

3. 한글 번역

한국의 중앙 정부와 각 시자제는 해당 지역 업계와 함께 수산물 원산지 표기법을 강화하고자 하는 강력한 의지를 보이고 있다.

자갈치 수산 시장은 한반도의 남쪽 끝에 위치한 항구 도시 부산에 자리 잡고 있으며 매일 전 세계 바다에서 잡혀 온 엄청난 양의 고기들이 들어오는 바쁜 곳이다. 이곳은 한국에서 가장 큰 수산 시장이며(한국어 표현에서 흔히 '가장 큰 곳'이라고 표현되는 것이 영어 표현에서는 '가장 바쁜 곳' 정도로 표현되는 경우가 많다) 밤에 잡은 수산물들을 당일에 전국에 유통시키기 위해서 약 1,000명의 상인이 매일 새벽 4시부터 일하고 있다. 이 시장에서는 한국은 물론 일본, 중국, 베트남, 미국, 호주, 러시아 등 많은 국가에서 잡혀 온 물고기, 조개류 그리고 갑각류들이 담긴 수백 개의 수조에 신선한 바닷물을 공급하기 위해 끊임없이 펌프들이 가동되고 있다.

그리고 구획마다 원산지나 해당 물품의 가격 등이 매일 업데이트되는 작은 표기판이 달려 있다. 이 시장의 관리자인 금봉달 씨는 "정부가 2004년에 수산물 표기법을 처음 시행했을 때 상인들은 너무 귀찮은 일이라며 불평불만했었는데 법이 발효되고 나서 10년 이상이 지나니 이제는 모두 그러려니 하고 적응을 했다."라고 말했다. 금씨는 이제는 지방 정부 차원에서 시행하는 단속 이외에도 시장 자체적으로도 내부 단속을 시행하고 있으며 거짓으로 표기를 하는 상인들에게 영업 정지를 시키고 있다고 밝혔다. 그는 "차라리 아예 원산지 표기를 하지 않는 상인들보다도 거짓 원산지 표기를 하는 상인들에 대해 더욱 강력한 처벌을 주도록 법안이 개정될 것."이라고 말했다. 영업 정지 일수는 기본 3일부터 시작이며 상습 위반자들을 대상으로는 점점 늘어나고 있다.

금 씨는 왜 이러한 법이 중요한지에 대한 예시로 어떤 국내산 물고기의 소매가가 만원 정도라면 외국의 바다에서 잡힌 같은 종의 물고기 가격은 3천 원에서 4천 원 정도인 것을 들었다. 그는 "한국인들은 일반적으로 국산을 선호하는데 이러한 법이 없을 경우에는 비양심적인 상인들이 싼 가격의 상품들을 국내산으로 속여서 팔 것이다."라고 말했다.

하지만 이 원산지 표기법은 도매 시장에서는 적용되지 않는다. 그리고 호주와 마찬가지로 일반 식당에서 수산물의 원산지를 표기하는 것도 의무가 아닐뿐더러 단속 대상도 아니다. 한편 유럽 연합은 수산물 원산지 표기법에 관해서는 세계를 선도하고 있으며 그들은 심지어 어떻게 고기가 잡혔는지 그 방법까지 명시하도록 하고 있다.

레스토랑들이 수산물의 원산지 표기를 강제하도록 하는 법안은 지난달 호주 연방 국회에서 기각된 바 있다. 정확한 표기를 원하는 이러한 여론의 큰 움직임은 한국의 경우처럼 호주에서도 비슷한 저항에 직면하고 있는 듯 보인다.

4. Words&Phrases

1 **provincial**: 지방의, 시골의, 지방 특유의, 촌스러운

2 **labelling laws**: 표기법

3 **distribute**: 분배하다, 유통시키다, 할당하다

4 **crustaceans**: 갑각류 동물(게, 가재, 새우 등)

5 **stall**: 칸막이, 매점, 진열대

6 **merchant**: 상인, 무역상, 소매상, 가게 주인

7 **burdensome**: 짐스러운, 무거운, 귀찮은

8 **trading suspension**: 거래 정지, 영업 정지

9 **falsely**: 허위로, 거짓으로

10 **neglect**: ∼을 무시하다, 얕보다, 직무를 태만히 하다

11 **gradually**: 차차, 서서히, 점차

12 **repeat offender**: 재범, 상습범

13 **retail**: 소매, 소매의, 소맷값으로

14 **unscrupulous**: 거리낌 없는, 비양심적인

15 **wholesale market**: 도매 시장

16 **police**: 흔히 경찰이란 뜻으로 가장 많이 쓰이지만 단속하다, 감시한다는 뜻으로도 쓰인다

17 **specify**: 이름을 열거하다, 특징짓다, 구체적으로 말하다

5. 영어로 기사를 써 보자

1) South Korea's national and (   ), along with the local industry are strongly supportive of tough country of origin (   ) for seafood.

한국의 중앙 정부와 **각 지자체는** 해당 지역 업계와 함께 수산물 원산지 **표기법**을 강화하는 데 대해 강력히 지지하고 나섰다.

2) It is the country's busiest fish market, with 1000 employees working from 4am every day to bring in the night's catch and (   ) it to the rest of the country.

이곳은 한국에서 가장 큰 수산시장이며 밤에 잡은 수산물들을 당일에 전국에 **유통시키기** 위해서 약 1,000명의 상인이 매일 새벽 4시부터 일하고 있다.

3) merchants complained that it would be too (   ), but now the laws have been in place for over a decade, they've adjusted.

상인들은 너무 **귀찮은 일**이라며 불평불만했었는데 법이 발효되고 나서 10년 이상이 지나니 이제는 모두 그러려니 하고 적응을 했다.

4) Mr Keum said in addition to the inspections performed by the provincial government, the market also conducted its own inspections, and handed out (   ) to those caught falsely labelling.

금 씨는 이제는 지방 정부 차원에서 시행하는 단속 이외에도 시장 자체적으로도 내부 단속을 시행하고 있으며 거짓으로 표기를 하는 상인들에게 **영업 정지**를 시키고 있다고 밝혔다.

5) The suspensions are gradually increased from a base of three days for (   ).

영업 정지 일수는 기본 3일부터 시작이며 **상습 위반자들**을 대상으로는 점점 늘어나고 있다.

Alex McEwan jailed for life for Eunji Ban's murder after blaming demons for killing Korean student

워홀러 반은지 양 살해 사건의 용의자인 Alex McEwan이 결국 무기징역 판결을 받았다

Reporter: Ellie Sibson/23 Aug 2018

---

1. 기사 해설

  2013년 11월, 한국 여대생 반은지 양이 호주에 워킹 홀리데이를 왔다가 살해당한 사건이 있었다. 이 사건은 당시 호주와 대한민국 양국을 동시에 떠들썩하게 만들었었고 용의자인 Alex McEwan은 재판 과정 중에 악마로부터 지시를 받은 것이었다고 변명하며 지속해서 심신 미약을 주장해 왔으나 4년 9개월 뒤인 2018년 8월에 결국 그의 무기징역형이 확정되었다는 기사이다. 사랑하는 딸을 평생 볼 수 없기에 무기징역에도 만족하지 못하는 피해자 가족들의 가슴 아픈 심정이 잘 드러난다. 워낙 잔인했던 사건이라 저자 개인적으로도 번역 작업을 하는 데 힘이 들었고 해당 기사를 교재에 포함시킬지의 여부를 가장 많이 고민했던 글이다.

2. 기사 본문

  A man who bashed 22-year-old Korean exchange student Eunji Ban to death in Brisbane's CBD, saying he was being instructed by a <u>demon</u>, has been found guilty of her murder and sentenced to <u>life in prison</u>.

> **NOTE** 통상적으로 exchange student라고 하면 교환 학생이라는 의미로 쓰인다. 반은지 양은 당시 호주 브리즈번에서 워킹 홀리데이 중이었던 것으로 알려졌지만 기자가 편의상 워킹 홀리데이를 교환 학생이라는 범주에 포함시킨 듯 보인다.

Ms Ban suffered horrific facial injuries after being **repeatedly** punched and stomped on by Alex Reuben McEwan in Wickham Park while she was walking to work as a hotel cleaner in the early hours of November 24, 2013. It took the jury one day to reach the **unanimous** verdict. McEwan, now 25, did not show any obvious **signs of emotion** when the jury found him guilty of murder.

Ms Ban's family broke down in tears and hugged after the **verdict** was read out. During sentencing, Justice Roslyn Atkinson said McEwan had been drunk and although she accepted he had expressed **remorse**, he had given in to "**sadistic** and violent urges." She said he was in control of what he was doing and knew it was wrong. "I accept that after these terrible events occurred you developed a **psychotic** condition and a **schizophrenic illness** [but] the fact is that was not the reason why you committed this terrible crime." she said. "I accept that you have expressed remorse of what you did, although whether you have complete insight into the terrible nature of this crime, I'm not so sure."

Justice Atkinson told the court McEwan had committed the "most **brutal**, horrible crime." "You decided to go out and to kill someone … you treated that poor young woman with cruelty, **degradation** and **contempt**." Justice Atkinson said. "You bashed her in the face, you stomped on her face, you broke **virtually** every bone in her face and not **content with** that, you dragged her across the road and up the stairs to hide her body."

"She was a visitor from a foreign country, she was just doing something completely normal." Justice Atkinson said she personally expressed her great sorrow to Ms Ban's family. "You and you alone are **responsible** for that, and somehow you must live with that for the rest of your life." Justice Atkinson said McEwan remained a "dangerous person" and his crime had affected the community. "It **instils** fear and **suspicion** to ordinary people going about their lives." she said.

Killer 'full of excuses', family says

Speaking through an interpreter, Ms Ban's mother Suk Bun Jung read a letter outside court that she wrote to her daughter. "Nothing can bring you back — it's been four years and nine months ⋯ it was a lifetime for us — it's been devastating." she said. "I wish I could turn the clock back ⋯ I miss you so much." "With your love and our beautiful memories I will keep on going my dearest daughter." Ms Jung also said her daughter was close to her younger twin brothers. "She was a lovely daughter and she was my dearest friend and she was a lovely older sister to her two twin brothers." she said. "In fact, on the day of her death her two twin brothers celebrated their birthdays, so it left a very big hole in their lives."

Ms Ban's father, Hyeong-Gyu Ban, said through an interpreter the family was not **completely** happy with the sentence. "It is a life sentence, so it gives us little **comfort** knowing that he will be in prison for the rest of his life but he can still see his family his parents and his loved ones, but for us Eunji is gone forever until we meet again in heaven." he said. Mr Ban also said he did not believe McEwan was truly sorry. "We were willing to forgive him, but what we saw in court, the way he carried on we felt that [he] was **full of excuses** — we didn't see a genuine regret remorse and apology." Mr Ban said.

Manslaughter plea rejected

At the beginning of his Supreme Court trial in Brisbane, McEwan admitted to killing the 22-year-old but denied it was murder. The crown rejected his plea to manslaughter and argued the 25-year-old intended to kill Ms Ban. Ms Ban suffered horrific head injuries after being repeatedly punched in the face, dragged up stairs and left under a tree.

During his trial, McEwan **took the stand** and told the court he was being instructed by a demon to carry out the random killing. McEwan told the trial a demon named "Jazzy" made him kill Ms Ban, and that he **decorated** a tree with her hair "like a Christmas tree." While McEwan was sitting in the police station after he was arrested for murder, he wrote a letter to Ms Ban's family wishing he "could take all back and give her [a] bunch of roses instead." His defence team argued he suffered from schizophrenia and should not be found guilty of murder because of his mental state at the time.

Evil, not psychotic, prosecution says

The **prosecution** suggested McEwan exaggerated his **symptoms** to psychiatrists in order to be found unfit for trial and said he was evil not psychotic. McEwan had told the court at the trial he first started feeling an evil presence when he was around six or seven years old, but had not known it was a demon until he was 18. "He's been following my whole life … I call him Jazzy." McEwan told the court. When asked why he named the demon "Jazzy", McEwan said it was because he started listening to jazz music at the time.

This is the second time Ms Ban's family has travelled from Korea to attend a trial.

Last year, McEwan claimed he was being told by demons during a hearing in that trial to attack the prosecutor and the jury was **discharged**.

3. 한글 번역

브리즈번 중심가에서 22세의 한국인 교환 학생이었던 반은지 양을 때려서 숨지게 한 남성이 자신은 악마의 사주를 받은 것이었다며 심신 미약을 주장해 왔으나 결국 살인 혐의로 유죄 판결을 받고 무기징역에 처해졌다.

2013년 11월 24일, 반은지 양은 당시 자신이 청소부로 일하고 있던 호텔로 출근하기 위해 위컴 공원을 걷고 있다가 Alex Reuben McEwan에게 주먹으로 가격당하고 발로 밟혀서 얼굴에 심각한 부상을 입었다. 배심원단이 만장일치 판결을 하기까지는 단 하루가 걸렸다. 이제 25세인 McEwan은 배심원단이 살인 혐의로 유죄를 선고할 때 특별한 감정 변화를 보이지는 않았다.

반 양의 가족들은 눈물을 보이며 힘들어했고 판결문 낭독이 끝난 뒤에는 서로를 안아주었다. 판결에서 Roslyn Atkinson 판사는 "당시 McEwan은 술에 취해 있었고 현재 반성을 하고는 있지만, 그렇다 하더라도 그는 분명 가학적이고 폭력적인 충동을 억제하지 못했다."라고 평하며 그가 정신이 온전한 상태였으며 분명히 잘못된 행동을 하는 것을 스스로 인지하고 있었다고 말했다. 그녀(판사)는 "나는 피고인이 이 끔찍한 사건 이후로 정신이상과 정신 분열증에 시달린 점은 받아들인다. 하지만 그 사실들이 피고인이 이토록 잔혹한 범죄를 저지른 것의 이유로는 성립될 수 없다."라고 판결했다. "나는 또한 피고인이 충분히 반성하고 있다는 점도 참작한다. 그러나 피고가 이 범죄의 잔혹성을 완전히 인지하고 있는지는 여전히 의문이다."

Atkinson 판사는 또 법정에서 McEwan은 "가장 잔인하고 끔찍한 범죄를 저질렀다."라고 말했다. 판사는 "피고는 누군가를 죽이기로 작정하고 집을 나섰다. 피고는 그 불쌍한 젊은 여성을 잔인함, 모욕 그리고 경멸로 대했다. 그녀의 얼굴을 폭행했고 그녀의 얼굴을 밟기도 했으며 사실상 그녀의 얼굴에 있는 모든 뼈가 부러졌다. 거기에 그치지 않고, 그녀를 질질 끌고 길을 건너가서 계단을 올라 사체를 숨겼다."라고 판결문 낭독을 이어나갔다.

Atkinson 판사는 "그녀는 외국에서 온 방문자였으며 그녀가 했던 행동은 지극히

정상적인 것들이다."라고 말하며 또 개인적으로 반은지 양의 가족들에게 깊은 애도를 표하기도 했다. "이 일의 책임은 너와 너 자신에게 전적으로 있다. 그리고 너는 어떤 방식으로든 이 짐을 평생 동안 짊어지고 살아야 할 것이다." Atkinson 판사는 McEwan은 여전히 '위험한 인물'이며 그의 사건이 브리즈번 전역에 영향을 미쳤다고 말했다. 그녀는 "이 사건은 평범한 사람들이 그들의 삶을 살아가는 데 있어 공포와 의심을 심어주었다."라고 말했다.

변명으로 가득한 살인자

반 양의 어머니인 정석분 씨는 법정 바깥에서 통역을 통해 그녀가 딸에게 적은 편지를 낭독했다. 그녀는 "그 어떤 것도 너를 되돌아오게 할 수는 없다 (지난 4년 9개월은 우리 가족들에게는 평생의 시간과도 같았고) 너무나도 망연자실한 나날들이었다."라고 밝혔다. "내가 할 수만 있다면 시간을 되돌리고 싶다… 네가 너무 그립다. 내 사랑하는 딸아, 앞으로 너의 사랑과 우리의 아름다웠던 추억들과 함께 살아갈게." 어머니 정 씨는 그녀의 딸이 두 어린 쌍둥이 남동생들과도 아주 가까웠다고 말했다. "은지는 사랑스러운 딸이었고 나의 둘도 없는 친구이기도 했으며 두 남동생들에게는 사랑스러운 누나였다." 그녀는 말했다. "사실 은지가 사망한 날은 두 쌍둥이 남동생들의 생일이었고, 이 사건이 그 아이들의 삶에도 커다란 구멍을 남겼다."

반 양의 아버지인 반형규 씨는 통역을 통해서 가족들이 판결에 완전히 만족하지는 않는다고 밝혔다. 그는 "무기징역 판결이 나서 그가 평생 감옥에서 지내야 한다는 사실이 약간의 위안은 되지만, 그래도 그는 여전히 그의 가족들과 그가 사랑하는 이들을 볼 수 있다. 반대로 은지는 돌아올 수 없기에 우리는 천국에서 만나기 전까지는 평생 우리 딸을 볼 수 없다."라고 소회를 밝혔다. 그는 또 "McEwan이 진정으로 미안한 마음을 가지고 있다고 믿을 수 없다."라고 말했다. "우리는 그를 용서하려고 했었다. 그러나 법정에서 그가 한 행동은 변명만을 늘어놓는 것이었다. 우리는 진정한 후회나 반성 그리고 사과를 전혀 보지 못했다."

우발적인 살인이라는 항변이 기각되다

브리즈번 대법원에서의 재판이 시작되고, McEwan은 22살의 반은지 양을 죽인 것을 인정했으나 그것이 고의적인 살인은 아니라고 주장했다. 법관은 그의 항변을 기각하고 25세의 McEwan은 반은지 양을 죽일 의도가 있었다고 판결했다. 반 양은 얼굴 쪽에 계속 가격을 당하여 심각한 두부 손상이 오는 고통을 당했고, 계단 위로 끌려간 뒤 나무 아래 놓여졌다.

재판 과정 중, McEwan은 단호한 입장을 취하며 악마로부터 무차별 살인을 할 것을 지시받은 것이라고 주장했다. McEwan은 재판 중 'Jazzy'라는 이름을 가진 악마가 반 양을 죽이고 나무를 그녀의 머리카락으로 장식하여 크리스마스트리처럼 만들라고 시킨 것이라고 주장했다. 반면 McEwan은 살인을 저지른 직후 체포되어 경찰서에 구금되어 있던 중 반 양의 가족들에게 "모든 것을 되돌리고 싶고 그녀를 죽이는 대신 장미 꽃다발을 주고 싶다."라는 내용의 편지를 쓰기도 했었다. 그의 변호인단은 그가 정신 분열증을 앓고 있었다고 변호하며 당시 그의 정신 상태에 비추어 보면 고의적인 살인 판정을 받아서는 안 된다고 주장했다.

"정신병이 아닌 그냥 악마다."라는 검사 측 주장

검사 측은 McEwan이 재판 부적합 판정을 받기 위해 그의 증상을 정신 질환으로 과장하는 것이라며 그는 정신병자가 아니라 그냥 악마일 뿐이라고 주장했다. McEwan은 법정에서 그가 악령의 존재를 처음으로 느낀 것은 약 6세에서 7세 정도였으며 18세가 되어서야 그것이 악마라는 것을 알게 되었다고 진술했다. "그 악마는 나를 평생 쫓아다녔다 … 나는 그를 Jazzy라고 부른다." McEwan은 이와 같이 진술했다. 왜 이름을 Jazzy라고 정했냐는 질문을 받았을 때, McEwan은 그 당시 재즈 음악을 듣고 있었기 때문이라고 답했다.

반 양의 가족들이 재판에 참석하기 위해 한국에서 호주로 온 것은 이번이 두 번째이다.

작년에는 McEwan이 재판 청문 과정 중에 악마로부터 검사진을 공격하라는 지시를 받았다고 말해서 배심원들이 해산되는 헤프닝도 있었다.

4. Words&Phrases

1 **exchange student**: 교환 학생

2 **demon**: 악마, 악령

3 **life in prison**: 무기징역, 종신형(life sentence라는 표현도 자주 쓰인다)

4 **repeatedly**: 계속해서, 지속적으로

5 **unanimous**: 만장일치, 전원 이의 없음

6 **signs of emotion**: 감정 표현

7 **verdict**: 판결, 평결

8 **remorse**: 깊은 후회, 양심의 가책

9 **sadistic**: 사디즘의, 잔혹한

10 **psychotic**: 정신병의, 정신병적인

11 **schizophrenic illness**: 정신 분열증

12 **brutal**: 잔인한

13 **degradation**: 불명예, 좌천, 강등, 파면, 저하, 타락

14 **contempt**: 경멸, 치욕, 멸시

15 **virtually**: 사실상, 실질적으로

16 **content with**: ~에 만족하다

17 **responsible**: 책임이 있는, 믿을 만한

18 **instil**: 불어넣다, 주입하다

19 **suspicion**: ~에 대한 혐의, 의심, 의혹

20 **completely**: 완전히, 완전하게

21 **comfort**: 위로, 위안, 달래다

22 **full of excuse**: 변명으로 가득 찬

23 **manslaughter**: 살인(사전 모의가 없는)

24 **take the stand**: 단호한 입장을 취하다

25 **decorated**: 장식된(다른 뜻: 훈장을 받은)

26 **prosecution**: 검찰 측, 기소, 고발, 소추

27 **symptom**: 징후, 조짐, 증상

28 **discharge**: 떠나다, 추방하다, 면제하다(다른 뜻: 방출하다, 쏘다, 발사하다)

5. 영어로 기사를 써 보자

1) A man who bashed 22-year-old Korean exchange student Eunji Ban to death in Brisbane's CBD, saying he was being instructed by a demon, has been (　　　　　) of her murder and sentenced to (　　　　　).
브리즈번 중심가에서 22세의 한국인 교환 학생이었던 반은지 양을 때려서 숨지게 한 남성이 자신은 악마의 사주를 받은 것이었다며 심신 미약을 주장해 왔으나 결국 살인 혐의로 **유죄 판결**을 받고 **무기징역**에 처해졌다.

2) It took the jury one day to reach the (　　　　　) verdict.
배심원단이 **만장일치** 평결을 하기까지는 단 하루가 걸렸다.

3) Ms Ban's family broke down in tears and hugged after the (　　　　　) was read out.
반 양의 가족들은 눈물을 보이며 힘들어했고 **판결문/판결** 낭독이 끝난 뒤에는 서로를 안아주었다.

4) The (　　　　　) suggested McEwan exaggerated his (　　　　　) to psychiatrists in order to be found unfit for trial and said he was evil not psychotic.
검사 측은 McEwan이 재판 부적합 판정을 받기 위해 그의 **증상**을 정신 질환으로 과장하는 것이라며 그는 정신병자가 아니라 그냥 악마일 뿐이라고 주장했다.

South Korean man faces court after dousing himself in petrol and waving lighter at Cairns airport

케언스 공항에서 자신의 몸에 휘발유를 들이붓고 난동을 부리던

한국 국적의 남성이 결국 법정에 섰다

Reporter: Sharnie Kim/18 Sep 2015

1. 기사 해설

한 한국인 남성이 호주로 휴가를 왔다가 비행기를 놓치게 되고, 그 후 Jetstar 항공사 측의 불친절한 대응에 흥분해서 케언스 공항에서 난동을 부리다 체포당한 사건이다. 이 소동으로 인해 수천 명의 공항 이용객들이 대피하고 모든 비행기가 4시간 정도 지연되는 불편을 야기했다. 흥미로운 점은 바로 전날 브리즈번 공항에서도 시드니발 방콕행 비행기가 기내에 폭발물로 의심되는 가방으로 인해 비상 착륙하는 소동이 벌어지기도 했었기에 퀸즐랜드주에서 이틀 연속으로 대형 항공사고가 터졌다는 것이다.

2. 기사 본문

A South Korean man who poured petrol over himself and waved around a lighter at Cairns airport did so after all his possessions were stolen at the end of the "holiday of a lifetime", a court has heard.

Hanback Chae **sparked** mass panic at the Cairns domestic terminal in July after he poured five litres of petrol over himself and waved around a lighter while **demanding** to speak to Jetstar's chief executive. He had missed an earlier flight and returned to the airport several hours later after buying petrol from a service station. The 28-year-old, who pleaded guilty, has faced a **sentencing hearing** in the District Court in Cairns.

Defence barrister Michael Dalton said while Chae's actions were "no doubt stupid and **ill-conceived**" it was "an overly dramatic protest" against Jetstar which got out of control. Furthermore, there was no intention to hurt other people. Chae had been on the "holiday of a lifetime" in Australia, but it **soured** when all his **possessions** were stolen towards the end of the trip, the court heard.

NOTE 흔히 변호사를 지칭하는 영어 단어는 다음과 같이 다섯 가지가 있다.
① Lawyer: 가장 일반적으로 변호사를 부르는 말
② Solicitor: (영국/ 호주) 법에 관련한 조언이나 서류를 마련해 주는 사람
③ Counsel: 법정 변호인 혹은 변호인단
④ Attorney: (미국) 법정 변호인
⑤ Barrister: (영국/호주) 법정 변호인

His family had sent him money for a plane ticket home. Chae was described in court as a "gentle soul" by all accounts and his actions were "wildly **out of character**." "I was angry at the big company, not persons or people, I love persons, I love people." he told police in an interview.

Thousands evacuated over the incident

Commonwealth prosecutor Kate Milbourne said about 2,000 people were **evacuated** from the terminal and 12 flights were delayed. In CCTV footage played to the court, passengers were seen fleeing in terror. "People were falling over, screaming, running through the barriers and baggage was **abandoned**." Ms Milbourne told the court. "The security screening point and airside areas were breached as people, running in fear, [tried] to escape the threat [and] were unable to be stopped." She said the incident occurred on the last Friday of the school holidays when the terminal was very busy and described Chae's breach of the Crimes(**Aviation**) Act as "very serious".

Chae has been **remanded** in custody until his sentencing hearing **resumes** on Friday 24 September. He pleaded guilty to **disrupting** services and **endangering** people's safety at an airport, which could lead to a 14 year sentence. The Cairns judge who oversaw the matter said he needed more to time to consider the "very unusual" case.

3. 한글 번역

 케언스 공항에서 자신의 몸에 휘발유를 들이붓고 라이터를 들고 흔들었던 한국 국적의 한 남성이 법정에 섰다. 그가 밝힌 범행 동기는 오랫동안 기다려왔던 휴가를 왔다가 막바지에 접어들었을 때 그가 가졌던 모든 물건을 도난당했기 때문이라고 한다.

 채한백 씨는 지난 7월 케언스 공항 국내선 청사에서 5L가량의 휘발유를 자신의 몸에 들이붓고 손에 라이터를 들고 흔들며 Jetstar 항공 사장과 이야기하게 해달라고 요구했고 이는 공항 내에 큰 혼란을 야기했다. 그는 비행기를 놓치고 난 뒤 근처의 주유소에 가서 휘발유를 샀고 몇 시간 뒤 공항에 돌아온 것이었다. 28살의 남성은 유죄를 인정하였고 케언스 지방 법원에서 양형 심리를 (재판) 받게 되었다.

 그의 변호사 Michael Dalton 씨는 피고인의 행동이 "아주 멍청하고 잘못된 행동임에는 틀림이 없지만, 그것은 Jetstar 항공이 제대로 된 서비스를 해 주지 못한 것에 대한 일종의 '극단적인 형태의 시위'였다."라고 말하며 "사람들을 해칠 의도는 전혀 없었다."라고 변호했다. 법정에서 채 씨는 "나에게 평생 한 번 있을까 말까 할 정도의 큰 스케일의 휴가를 즐기기 위해 호주에 왔으나 여행 막바지에 모든 짐을 도난당하고 난 뒤 여행을 망치게 되었다."라고 진술했다.

그의 가족들은 그에게 한국으로 돌아올 항공권을 구매할 돈을 송금했다. 채 씨의 지인들은 법정에서 그가 평소 모든 면에서 성격이 착하며 이번 행동은 평소 그의 성격과는 완전히 반대되는 행동이라고 진술했다. 그는 경찰 심문 과정에서 "나는 큰 기업을 대상으로 화를 낸 것이다. 특정한 사람을 향한 것이 아니었다. 나는 사람들을 좋아한다."라고 진술했다.

수천 명이 대피했던 소동

Kate Milbourne 연방 검사는 약 2,000명의 사람들이 터미널에서 대피하고 12개의 항공편이 지연되는 사건이었다고 말했다. 법정에서 공개된 CCTV 화면에서는 공항 이용객들이 테러로부터 도망치는 장면이 나온다. Milbourne 검사는 법정에서 "사람들은 넘어지고 비명을 지르며 또 각종 장애물을 뛰어넘기도 했다. 그리고 수화물이나 짐들도 마구잡이로 버려졌다."라고 주장했다. "사람들은 두려움에 휩싸여 뛰기 시작했고 보안 검색대 그리고 airside area에서 또한 예외는 아니었다. 규정에 위반되는 것이었지만 그들을 말리는 것은 불가능했다." Milbourne 검사는 이번 사건은 학교 방학 기간이던 지난주 금요일에 일어나서 공항 청사가 아주 붐비던 때에 발생했다고 덧붙이며 채 씨의 항공법 위반은 아주 '중대한 위법'이라고 공소 제기를 했다.

채 씨는 9월 24일 금요일에 있을 양형 심리가 속개될 때까지 재구류되었다. 그는 업무 방해와 공항에서 시민들의 안전을 위협한 것에 대해서 유죄를 인정했으며 이는 최대 징역 14년 이하에 처해질 수 있는 사안이다. 케언스의 담당 판사는 이번 사건이 '굉장히 특이한' 사안이라 고민할 시간이 더 필요하다고 밝혔다.

4. Words&Phrases

1 **dousing**: (무엇에 액체를 흠뻑) 붓다, 적시다

2 **spark**: 불꽃, 발화하다(다른 뜻: 생기, 활기)

3 **demanding**: 요구하는, 지나치게 요구하는

4 **sentencing hearing**: 양형 심리, 재판

5 **barrister**: 법정 변호사

6 ill-conceived: 악의를 품은, 계획이 잘못된

7 sour: 시큼한, 시어진, 싫은, 나쁜

8 possession: 소유, 소유물, 재산, 소유권, 점유

9 out of character: (행동 등이) 평소답지 못하다, 안 어울린다

10 evacuate: 피난시키다, 후송하다, (건물을) 비우다

11 abandon: 버리다, 포기하다, 단념하다, 그만두다

12 aviation: 비행, 항공

13 remand: 송환하다, 재차 인도하다, 재구류하다, 반송하다

14 resume: 다시 시작하다, 재개하다

15 disrupt: 혼란을 야기하다, 분열시키다

16 endanger: ~을 위험에 빠뜨리다, 위태롭게 하다

5. 영어로 기사를 써 보자

1) The 28-year-old, who (   ), has faced a sentencing hearing in the District Court in Cairns.
   28살의 남성은 **유죄를 인정하였고** 케언스 지방 법원에서 양형 심리를 받게 되었다.

2) Chae was described in court as a "gentle soul" by all accounts and his actions were wildly (   ).
   법정에서 채 씨는 원래 성격이 착하며 이번 행동은 **평소 그의 성격과는 완전히 반대되는 행동**이라는 증언이 나왔다.

3) Commonwealth prosecutor Kate Milbourne said about 2,000 people were (   ) from the terminal and 12 flights were delayed.
   Kate Milbourne 연방 검사는 약 2,000명의 사람들이 터미널에서 **대피하고** 12개의 항공편이 지연되는 사건이었다고 말했다.

4) Chae has been (   ) in custody until his sentencing hearing (   ) on Friday 24 September.

채 씨는 9월 24일 금요일에 있을 양형 심리가 **속개**될 때까지 **재구류**되었다.

5) He pleaded guilty to disrupting services and (   ) people's safety at
   an airport, which could lead to a 14 year sentence.
   그는 업무 방해와 공항에서 시민들의 **안전을 위협한 것/위험에 빠뜨린 것**에 대해
   서 유죄를 인정했으며 이는 최대 징역 14년 이하에 처해질 수 있는 사안이다.

CONTRACT

Contract Details

ᴎᴎ Commercial

ABC Ref #	SF18/444	
Licensee	Name: Junghyeon Park (Elliott)	ABN: N/A
	Contact: Junghyeon Park (Elliott)	
	Address: 48 Huntingwood Drive	
	Email: elliott.park@wartsila.com	Telephone:
ABC	Name: Australian Broadcasting Corporation	ABN: 52 429 278 345
	Contact: Janine Chrichley	
	Address: 700 Harris Street, Ultimo, NSW 2007 AUSTRALIA	
	Email: chrichley.janine@abc.net.au	Telephone: + 61 2 8333 3269
Licensed Rights	Non-Exclusive Print Rights Non-Exclusive Electronic Print Rights Non-Exclusive Transcript Rights	
Approved Purpose	Title: English Language Book for Korean Students (as yet unknown title) Author: Junghyeon Park (Elliott) Publication Date: TBC Print Run: Up to 5,000	
Language	English	
Licensed Material	37 x ABC transcripts as per attached (Appendix A)	
Licensed Territory	South Korea	
Licence Period	Start Date: 1st April 2019 (Life of this edition only)	
Credit	Reproduced by permission of the Australian Broadcasting Corporation – Library Sales © ABC ** Please acknowledge author in credit where provided	
Licence Fee	AUD$2,918 (GST inclusive) for 37 transcripts only.	

Contract Details

ABC Commercial

Payment Terms	Licensee paid by credit card
Delivery Requirements	Materials in hand
Delivery Date	N/A
Special Conditions	None

Executed as an Agreement

Signed by the **Australian Broadcasting Corporation** in accordance with the *Australian Broadcasting Corporation Act 1983* (Cth) by its duly authorised officer:

Signed by the **Licensee** by its duly authorised officer:

Janine Chrichley

Digitally signed by
Janine Chrichley
Date: 2019.04.15
14:10:36 +10'00'

....
Signature of the **ABC's** duly authorised officer

....
Signature of the **Licensee's** duly authorized officer

Janine Chrichley
Manager Library Sales

16 - April - 2019
....
Print name / position

Date:

참고 서적(가나다 순)

김민구 저,『영자신문의 독해논리공략』, 서울: 넥서스, 2006.

박희권 저,『실무 국제회의 영어』, 서울: 넥서스, 2009.

백선엽 저,『비즈니스 영어 이메일 패턴 사전』, 서울: 사람in, 2015.

전은지 저,『댓글 영어 단숨에 따라잡기』, 서울: 멘토스퍼블리싱, 2018.

정해탁 저,『인터뷰 영어』, 파주: 다락원, 2015.